奉納百景

奇招百出　向神祈願

神様にどうしても伝えたい願い

小嶋獨觀
Kojima Dokkan
著

蔡易伶
譯

前言

【奉納】——為取悅神佛使其接受祈願，或供奉物品，或於神佛前表演藝能、舉行競技的行為。「奉納繪馬[1]」、「奉納神樂」（摘自《大辭泉》）

我對「奉納」開始產生興趣，已經是十五年前的事了。

地點是山形縣的小松澤觀音，即最上三十三觀音靈場第二十號札所[2]。略顯昏暗的堂內，牆壁、欄間[3]、天花板懸掛了大量色彩鮮豔的穆卡薩利繪馬。「穆卡薩利」在當地方言指婚禮。對於年紀輕輕未婚即往生的死者，做父母的不忍孩子孤單一人，於是奉納繪有孩子在彼世舉行虛構婚禮的情景圖。

死者在另一個世界結婚的光景教人吃驚，於此同時，死者雙親因痛失子女不得不繪製如此背離現實的圖畫，那份沉重心情也強烈地傳了過來，讓人心痛不已。

繪馬之外，牆壁上密密麻麻貼滿平安符，數量驚人。整個空間凝縮了對神祇的虔信與家族之愛，光是待著就有種快被吞沒的窒息感。

牆上的繪馬和平安符並非寺方鼓勵信眾貼上，這當中沒有來自寺社「上到下」的佈教，而是民眾「下到上」自發行動的信仰姿態。

想治癒疾病、想通過考試、想結婚、想要孩子、想變漂亮、想出人頭地、想發大財、想戒賭、想擺脫跟蹤狂糾纏……人生在世有各種欲望，也遭逢各式災厄。

日本人以形形色色的「物品」為媒介，將這些煩惱與欲望交託給神佛處理。

藉由隱藏在物品中的象徵性與神祕性，試圖接近超越人心的神祇所在領域。

1 為祈願或還願獻納給神社佛寺的木牌，上面繪有圖案。
2 佛教靈場，參拜者領取平安符以為參拜證明的地方。
3 日式拉門與天花板間開口部分的建材，多為通風、採光、裝飾之用。

我從一九九七年開始經營網站「珍寺大道場」(http://chindera.com/），介紹許多擁有巨大佛像、過剩裝飾、奇特信仰的宗教設施，也就是「珍寺」。

為此我走訪了好幾千座寺社，過程中不免開始對信眾或參拜者奉納的物品產生興趣。

譬如求子用的嬰兒娃娃、祈求奶水豐沛的乳房形狀繪馬……這些奉納物的目的和意義都很好懂。

但如果是本堂屋簷下垂掛了約三千人份女性長髮的大分縣國東半島椿大師之類的寺院呢？毅然決然剪下可說是女人生命的頭髮獻給神明，到底許的是什麼願讓人不惜做到這個地步？還有散放在頭髮正下方的石膏、護腰帶、拐杖等等，與頭髮的組合極不協調，異常感倍增，構成一個略為驚悚的空間。

在福島縣的靈場「橋場的阿婆」，奉納用的剪刀堆得像山一樣高。祈求斷惡緣、結良緣的人會來這裡奉納剪刀。

想締結良緣就奉納「剪不斷的剪刀」，也就是纏上一圈圈鐵絲的生鏽刀剪；想切斷惡緣則奉納全新的「剪得斷的剪刀」。看著刀剪上鐵絲纏繞的模樣，不禁強烈感受到奉納者使盡千方百計也要將因果、因緣納為己有的執念。

到目前為止，我也去了海外許多寺社收集資料，看到許多奇特的風俗習慣，像是奉納與死者同樣大小的人偶（印尼），或是紙糊的名牌商品、家電等，作為給死者的禮物（中國、東南亞）。但相較之下，還是日本的奉納物特別富有感情，充滿多樣性。

「為什麼奉納這個？」

「為什麼是這種願望？」

帶著這般好奇心欣賞奉納物時，想像力會逐漸膨脹擴大。「奉納者想必是這種人，因為這樣的理由而……」忍不住在腦中擅自勾勒根本無法窺知的真實。

反之，凝縮於奉納物中的煩惱、欲望等人類執念也一把將我攫住，緊抓不放。

在本書中，我企圖透過各式各樣與奉納有關的事象，將日本人的信仰觀毫無保留呈現在各位面前，並介紹各種珍奇罕見的奉納習俗。

小嶋獨觀

奉納百景……奇招百出 向神祈願……

目錄

第三章

疾病與奉納

第四章 活祭的習俗

第五章 生與性～生命誕生的奧祕與畏敬

第八章　飛越文字地平線

第九章　稻荷信仰的內面

第十章

與時俱進的奉納物

第一章

結良緣，斷惡緣

人際關係是人類最關心的事，也是最大的壓力來源。喜歡某人、被某人喜歡；討厭某人、被某人討厭；憎惡某人、怨恨某人……只要活在這世上一天，這些愛恨喜怒就會不斷反覆重來。

因為人無法離群索居，只能活在與他人的關係中。然而不管再怎麼掙扎，總是會遇上一己之力無法解決的事情。這種時候，人就會向神佛求助。或者說，請神佛幫忙解決問題。

具有正面意涵的「結良緣」，充滿負面意象的「斷惡緣」，乍看之下完全背道而馳的願望，卻都與解決人際關係的煩惱有關，就這層意義來說極為相似，實際上可同時祈求結良緣、斷惡緣的社寺也很多。

本章將介紹這類結良緣、斷惡緣的事例。

斷惡緣的祈願不會消失

野芥緣切地藏（福岡縣福岡市）

福岡縣的野芥緣切地藏如字面所示，是一尊針對「切斷惡緣」相當靈驗的地藏菩薩。郊外住宅區一隅不起眼的小祠堂，進去後會看到一塊無特定形狀的石塊坐鎮中央，此即主神地藏菩薩。關於這尊地藏有一則傳說：只要刮下地藏一小部分混入飲料中，讓想切斷緣分的對象喝下，緣分就能順利切斷。石塊因此被人愈刮愈小，現在已經看不出原貌。

環繞地藏的祠堂內飄散著異樣的氣氛。就拿繪有一對男女的繪馬來說好了，兩人背對背，微微垂首，給人極為消極的印象。說這是全日本最垂頭喪氣的繪馬還真是名符其實，一點也不誇張。

其他還有大剌剌寫出對方姓名住址的繪馬、想切斷緣分對象的姓名構成的祈願文（姓名出現的次數和自己的歲數相同），和密密麻麻貼了整牆的大量信封……

這幾年似乎流行把斷惡緣的祈願文裝入信封後再行奉納。

至於斷惡緣的對象，最多的是自己的配偶和第三者。譬如就有太太祈求斷除先生和小三的惡緣，不過內容

位於住宅區一隅窄小的地藏堂。看不出原貌的緣切地藏矗立中央。

充滿怨念的繪馬與祈願文，內容雖然負面，卻也傳達出奉納者欲切斷惡緣、積極前進的決心。

讓人很不舒服，不好寫在這。

與職場人際關係相關的祈願也很多。還有人祈求切斷與跟蹤狂、賭博惡習甚至是背後靈之間的惡緣，整座祠堂被沉重的祈願文淹沒，以至於偶然看到寫有「祈求早日康復」之類再平常不過的繪馬時，甚至感到鬆一口氣。

這座緣切地藏為什麼會誕生呢？來由和一則古老的故事有關。

時間是和銅年間（七〇八－七一五），地方上富人富永照兼的兒子兼繩和古能姬的婚事已定，沒想到婚禮當天兼繩竟然落跑了，簡直就像現在午間連續劇的劇情。一個頭兩個大的父親照兼無計可施，只好派人通知古能姬，說兒子突然身亡。古能姬收到消息後大受打擊，悲嘆「早無夫家可歸」後自絕性命，地點據說就在野芥。

這則傳說還有一條副線。

古能姬自戕之際曾留下遺言，內容據說是「為在彼世守護我等命運多舛之人，請在我失去夫婿之地野芥祭祀地藏菩薩。把地藏一部分刮下來讓對方喝下，為男女情愛所苦之人便可不再煩惱」。

老實說，以遺言來說這內容未免太詳盡。據信這則傳說本身有一千三百年歷史，不過這尊地藏菩薩的歷史至多只能追溯到近世[4]以前。諸如此類「被祭祀的當事人以死誓言守護（拯救）同樣不幸之人」的模式近世以後經常出現。

儘管如此，緣切地藏的起源一旦確定下來，斷惡緣的信仰從此便與古能姬的故事分道揚鑣，逕自往下發展了。雖說現在流行到各社寺祈求良緣，不過斷惡緣的祈願也不遑多讓，大為風行，不如說後者更切身相關，只要看看繪馬上的祈願文便一目了然。

最後補充一件事。排列整齊的信封上寫著「野芥緣切地藏收」，仔細一看，幾乎都是同一個人的筆跡。這，也就是說……

4 介於中世與近代的時期，日本史學者多將近世定義為江戶時代（1603-1867）。

掌管結良緣、斷惡緣的姥神

橋場的阿婆（福島縣檜枝岐村）

日本人口密度最低的福島縣檜枝岐村。在這個可謂奧會津[5]祕境之地，有個名字很奇妙的斷惡緣、結良緣景點，叫做「橋場的阿婆」。

檜枝岐村從以前就盛行農村歌舞伎，鎮守神社的歌舞伎舞台還被指定為國家重要有形民俗文化財。通往鎮守神社路上有座小神社，即「橋場的阿婆」。阿婆即老嫗，換言之，意思就是橋場的老婆婆。

神社前左右兩側各立了一把巨大的裁縫剪刀，應該有兩公尺高。雖是剪刀，卻有如仁王像[6]般讓人心生畏懼。往裡面一瞧，竟供奉了大量色彩鮮豔的剪刀。香油箱兩側和後方架上的剪刀堆得像山一樣高——

仔細一看，左邊放的是普通剪刀，右邊剪刀的刀刃卻都用鐵絲纏了好幾圈。神社門口的大剪刀也一樣，左側亮閃閃，右側

巨大裁縫剪刀後面有橋場的阿婆坐鎮。後方架上與阿婆四周奉納了大量剪刀。

5 位於福島縣會津地方西南部，會津盆地的七折峠以西、博士山以南的山間地區，為一群山圍繞、景色優美的祕境。
6 設置於寺門兩側的佛教護持神像，一張口一閉口，面目猙獰。

阿婆右邊放的是剪不斷的剪刀，祈求締結良緣；左邊是剪得斷的剪刀，祈求切斷惡緣。實在是相當不可思議的光景。

原本奉納的是生鏽不好剪的剪刀，但現在的剪刀都是不鏽鋼製，不會生鏽，所以刻意用鐵絲纏繞，硬是做出剪不斷的剪刀。

則布滿鐵鏽，甚至纏了鐵鏈上了鎖。

這也就是說，左邊的普通剪刀「剪得斷」，是祈求斷惡緣時的奉納物；右邊的剪刀「剪不斷」，換言之是祈求結良緣時的奉納物。

日本其他地方也有可同時祈求結良緣、斷惡緣的寺社，不過用鐵絲將剪刀一圈圈纏起，藉此祈求締結良緣的神社，除了這裡之外我還沒看過。

阿婆的石像坐鎮神社中央，單膝跪坐，胸部外敞，一對下垂的乳房清晰可見。這是東北地方較常看到的神祇。據說阿婆（即姥神）就是在三途川[7]脫掉死者衣物的奪衣婆。頭上不知為何疊了好幾個碗，這和奉納剪刀又不同，據說只要在阿婆頭上疊碗，任何願望都會實現。

不過說起來真不可思議，為什麼這裡會變成斷惡緣、結良緣的景點呢？

姥神信仰遍布全國，阿婆或說乳母是其中之一，而會津地方乳母信仰的特點在於專門保佑順產。照理說出自同一體系的橋場阿婆應該要變成保佑順產的神明，卻沒有任何與順產有關的傳說。

這是因為橋場的阿婆有其特殊之處。

橋場的阿婆本來不在這裡，而是位於稍微上游處的橋畔。明治三十五（一九〇二）年大洪水來襲，村人背著差點被水沖走的阿婆，一路搬運到現址。換言之，橋場的阿婆原本是橋梁的守護神，被當成橋姬信仰的神像來祭祀。

橋姬是京都宇治川宇治橋的守護神，嫉妒心出了名的強，有一說丑時參拜[8]便始於橋姬。現在宇治當地的人仍有項婚禮禁忌，即新人絕對不能過橋，否則緣分會被切斷。橋姬的外表也是老婆婆的模樣，因此原被當成橋姬祭祀的石像不知不覺間變成了阿婆的樣子。

橋梁同時也是村落與村落的分界，而留有斷惡緣信仰的地方多位於分界線上，或許這也是橋姬信仰和三途川信仰交錯的原因。

7 日本民間傳說中的冥河，分隔現世與彼岸的河流。河畔有奪衣婆和懸衣翁，前者奪取亡者衣物，後者將衣物懸掛樹上，依樹枝下垂程度判斷亡者罪業輕重。
8 日本自古以來的咒術，於丑時（凌晨一到三點）至神社參拜，詛咒憎惡之人。參拜時身著白衣，頭戴插有點燃蠟燭的五德鐵環，手持鎚與釘，將象徵詛咒對象的稻草人偶釘在神木或鳥居上。據信只要連夜參拜，到了第七天受詛咒的人便會死亡。一般被視為嫉妒心強的女性會做的事。

日本最恐怖的斷惡緣景點

門田稻荷（栃木縣足利市）

京都府的伏見稻荷、東京都的榎木稻荷（緣切榎）、栃木縣的門田稻荷，這三座神社俗稱「日本三大緣切稻荷」。

伏見稻荷一般不太給人斷除惡緣的印象，不過榎木神社和門田稻荷都是專司切斷惡緣的神社，尤其門田稻荷更因繪馬內容晦暗陰森，被稱為日本最恐怖的斷惡緣景點。

門田稻荷位於名為下野國一社八幡宮的神社一角，社殿雖小，所奉納的繪馬上的內容卻很有破壞力。具體來說，上面不僅指名道姓，有的甚至連對方住在哪個街區都大刺刺寫出來，一覽無遺。

塗得一團黑的繪馬。不知道怨念有多深。

彷彿累積了各種怨念的門田稻荷，如同鏡子般反映出現代社會的病源。

也有許多客觀來看難以達成的願望。讓人意識到現代的社會制度無法解決的問題真是多不勝數啊。

雖然也有很多荒誕無稽的願望，但別忘了，對當事人來說都是只能求助於門田稻荷的沉重煩惱。

原以為內容多與男女情事有關，實際上校園霸凌、職場騷擾等事例也很多。有對霸凌自己的同學、同事的咒罵，也有對上司的憤恨。貼了照片的繪馬也不少，照片人物的臉還釘上釘子，或用麥克筆塗得亂七八糟。

繪馬之外，也有人奉納底部開了孔洞的柄杓。有洞的柄杓一般多意味著祈求順產，在這裡卻是祈願斷絕惡緣的奉納物，柄杓底部的大量孔洞都是用釘子一個一個刺穿的。當事人或許是懷著釘稻草人偶般的心情釘下這些孔洞吧。

回頭來看繪馬。上面就如網路上的惡意留言般寫滿「去死」、「消失吧你」、「祝你不幸」等措辭激烈的文字。不過，來這裡奉納繪馬當然也會看到別人寫的繪馬，會發現痛苦的不是只有自己一個人，就這點來說或許有某種團體治療的效果。門田稻荷也可說是保佑疾病治癒的寺社。

就這層意義來看，奉納物不僅是人與神的溝通工具，也具有療癒同病相憐者的功能吧，雖然是以極為負面的形式。

將鐮刀插進神木的祈願方式

丹生酒殿神社鎌八幡（和歌山縣葛城町）

大阪市內某座神社的境內，有一棵據說針對斷惡緣很靈驗的朴樹。從遠處看就知道那不是一般的樹：樹上插滿大量鐮刀，數量之多幾乎看不到樹幹。人稱此樹為「鎌八幡」。

大白天仍顯昏暗的境內，插滿鐮刀的朴樹看起來甚至像另一種植物。整個畫面實在太過衝擊，教人光是看著就漸漸難受起來。

據傳大坂冬之陣時，真田幸村曾將鐮刀插進鎌八幡，祈求勝利。此地位於大阪城南邊，也就是當時的要塞真田丸一帶。現在的鎌八幡戒備森嚴，不但禁止攝影，也不能隨意觸摸鐮刀和繪馬，或閱讀繪馬上的文字。近年來，針對是否公開奉納者的住址和祈願內容等資訊一事，各寺社似乎意見分歧，不過這座神社徹底採取保護

丹生酒殿神社的鎌八幡。鐮刀插在樹上，隨著樹幹成長被吸納進樹裡，願望就會實現。雖然很考驗耐性，不過上面已經有幾把鐮刀前端慢慢被吸進樹裡了。

隱私的立場，因此筆者也無法提供照片。

和歌山縣北部葛城町的丹生酒殿神社境內也有一棵名為鎌八幡的神木，比大阪的鎌八幡還要高大，樹幹上也插滿鐮刀，視覺衝擊無比強烈，但不知為何卻少了大阪鎌八幡那股陰森恐怖的氣氛。

在這裡光是將鐮刀插進樹幹，願望是不會實現的。唯有刀刃隨著樹幹成長慢慢被吸納進樹裡，願望才會成真，相當考驗耐性。換言之，如果急著切斷老公和小三的孽緣或自己和上司的惡緣，不太適合來這裡。其實來和歌山鎌八幡的人多是祈求無病消災或求子。

說起來，自古便有將鐮刀刺入神木的祭神儀式。五行思想裡有所謂「金剋木」，即金屬剋（戰勝）木頭的說法。換言之，原本也可說是為了以金制木的宗教儀式而使用鐮刀的。

諏訪大社就是著名的例子，會先將鐮刀插進用於諏訪御柱祭的樹木，據說這樣樹木才會變成神木。換言之，將鐮刀插進樹木原是為了賦予樹木神性而採行的作法。

惡緣若斷，剪刀要還

神場山神社（靜岡縣御殿場市）

富士山山麓的御殿場市有一座神場山神社。神社位於山間，四周高爾夫球場環繞，拜殿旁也奉納了許多剪刀。

這裡的剪刀是裁縫剪刀，大一點的甚至超過兩公尺高。剪刀有剪斷厄運、病痛、惡緣的意味。奉納大剪刀的空間前放了許多小剪刀，來神社許願的人會先借走小剪刀，回家後放在枕頭下。

若願望順利實現，就奉納大剪刀表示感謝。現場擺有許多小剪刀，看樣子現在還是有很多人依循這種方式許願。

販賣部的護身符區也擺出了小型裁縫剪刀。對了，這裡的名產是剪刀形狀的除厄煎餅。

排成一列的剪刀。社務所販賣的除厄煎餅外型像裁縫剪刀，吃起來沒什麼味道。

成排奉納的砲彈。很難得能近距離觀察砲彈，不小心就看得入神了。用這些傢伙把想要切斷緣分的人炸飛吧！嗯，應該不是這個意思。

離奉納剪刀之處稍遠的地方不知為何有好幾座砲彈。畢竟是在神場山神社境內，讓人忍不住懷疑是不是也和斷惡緣有關，譬如用砲彈代替剪刀，轟的一聲把對方炸飛之類的……（後記：可能因為神社旁邊就是舊陸軍・富士裾野演習場〔現在的東富士演習場〕）。

用爬的也要鑽過去的鳥居

粟嶋神社（熊本縣宇土市）

熊本縣宇土市的粟嶋神社主祀締結善緣的神祇，為附近住民所信仰。「粟嶋」即「淡島」[9]，也就是總本山為和歌山淡嶋神社的信仰，是一座專門解決女性煩惱的神社。這裡的粟嶋神社自然也不例外，據說對求子、疾病痊癒、締結善緣等祈願都很靈驗。

粟嶋神社最大的特徵要數拜殿前的超小型石製鳥居了。據說只要鑽過這裡的迷你鳥居，就能成就良緣、順利產子，會發生諸多好事。

鳥居大小約三十公分，身材不夠纖細的人要鑽過

粟嶋神社的繪馬。鑽過鳥居的神官（？）樣子很可愛。

拜殿前有三座迷你鳥居。下面特地鋪了草蓆，非常貼心。

9「粟嶋」和「淡島」的日文都讀作「あわしま」。

勇敢挑戰鑽鳥居的國中男生。衷心祝福你。

去相當困難。這裡的迷你鳥居又稱為直腰鳥居，據說鑽過去腰會伸直。原來如此！以前有很多彎腰駝背的老太太嘛。

關於迷你鳥居的起源，聽說是因為有個生重病的人信仰虔誠，常到神社參拜，後來竟奇蹟似痊癒，於是獻納迷你鳥居表示感謝。現在拜殿前有三座迷你鳥居，本殿旁也放了幾座以前奉納的舊迷你鳥居。粟嶋神社之外，在天草和長崎島原地方許多地區都能看到迷你鳥居，是這個地域的淡島信仰特有的習俗。

迷你鳥居的由來雖無定論，不過聽說以前農村集會時，村人會席地而坐，手牽手搭起拱狀「鳥居」後鑽過去。搞不好鑽過狹窄鳥居的行為後來就演變成迷你鳥居了。

現在甚至出現了祈求學業進步的迷你鳥居，鳥居的兩根柱子做成鉛筆的形狀。看到鳥居，大家都想鑽過去吧。

充滿心形圖案的戀愛聖地

戀木神社（福岡縣筑後市）

所謂結良緣，本來連結的是自己和他者的緣分，硬要說的話，是指神與人之間的緣分。不過現在講到結良緣一詞，感覺專門用來指男女間的戀愛情事。福岡縣就有一座把焦點鎖定在成就良緣的神社，名為戀木神社。代表戀愛守護神的戀木神社，現在以福岡縣為中心廣受女性歡迎。

戀木神社主祀戀命大神，據說全國僅此一座。境內可見鋪設心形圖案的參道、掛有心形神額[10]的鳥居、掛在拜殿前染出愛心圖紋的布幕……總之觸目所及都是愛心、愛心、愛心。

社殿也非常見的朱紅色，而是深粉紅色，是一座可愛度爆表的神社，讓人不覺臉紅心跳，心想：「脖子上掛著相機的歐吉桑（筆者）一個人待在這裡可以嗎？」懸掛在境內各處的繪馬想當然也是心形，內容不用看也知道，清一色都是祈求戀愛順利。對連續看了那麼多充滿負能量繪馬的筆者來說，說真的眼前這些內容實在太閃了，亮晶晶讓人無法直視，背部不自覺癢了起來。

正當我咬牙開始閱讀繪馬時，來了兩位帶著小孩的媽媽。我正想兩人會不會同為單親媽媽，來神社祈求覓得新的良緣，結果只是住在附近來散散步而已。接著來了一位感覺很老實的男性。我懂我懂，雖說是深受女性喜愛的神社，但男生也會希望戀愛順順利利嘛。

觸目所及都是愛心。不管是綁起來的神籤或奉納的繪馬，上面的內容就不用多說了吧。

10 懸掛在鳥居額束上、寫有神社名稱的匾額。

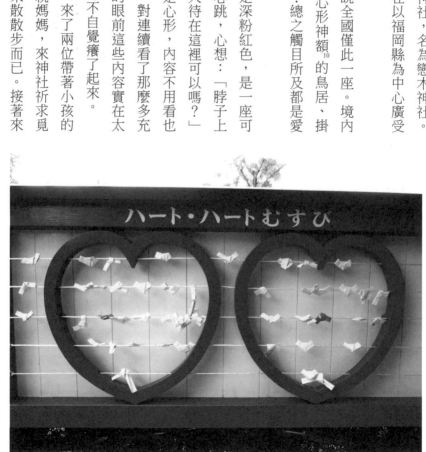

傍晚獨自一人來參拜的草食系風格男子。加油！

從裡到外貫徹戀愛主題的神社，某種意義來說可以感覺到社方乾脆的態度。一百年後，這座神社會變成什麼模樣呢？

戀木神社位於水田天滿宮一角。水田天滿宮本身頗具規模，為九州第二大天滿宮，僅次於太宰府。有一說指水田天滿宮是為了撫慰因思念留在京都的妻子而亡的菅原道真公（天滿宮的主神）所建的。姑且不論來由是否真是如此，刻意打造的戀愛專門神社現在廣受年輕人好評，以戀愛系能量景點來說似乎是成功了。

對於這類大膽引進現代觀點的神社，評價似乎褒貶不一，不過戀木神社徹底娛樂化的同時並未背離天神信仰的基礎，我覺得也滿好的。這一點就和企業或自治體毫無根據隨便捏造的山寨神社不同，大概不同吧我想。

第二章　供養萬物

在日本不僅會供養死去的人，也以各種形式供養具有生命的萬事萬物。

尤其現在特別盛行供養貓狗等寵物。不過才二十年前，死掉的寵物頂多埋在空地，上面插根冰棒棍權充墓碑而已，現在別說火葬了，也有很多飼主購買寵物專用的墓地。聽說有人還保存了寵物的基因，或用3D列印印出寵物生前模樣，各種寵物紀念服務蔚為風潮。

近年成為話題之一的則是供養電子寵物機器狗愛寶（aibo）。聽說在機器狗愛寶的「葬禮」上，由新型愛寶負責司儀和讀經工作。就旁觀者來看，機器狗憑弔機器夠根本是超現實世界才會出現的畫面，不過對於把愛寶當寵物而非單純機器狗或玩具的人來說，眼前的憑弔過程應該是莊嚴的宗教儀式吧。

說起來，供養「人類以外」的事物在日本的宗教風土算是比較早就開始了，例如象徵家畜供養的馬頭觀音信仰、供養為供人食用而宰殺的動物，另外還有針供養、箸供養、筆供養之類針對物品的供養等等。日本人似乎是個傾向供養所有事物的民族。

在這一章，我們將鎖定在此供養萬物的精神風土中孕育出來的特異景觀。

憑弔牲畜亡魂的多彩鼻環山

鼻環塚（岡山縣岡山市）

岡山縣岡山市有一處名為福田海本部的宗教設施。

福田海本部距離以桃太郎傳說聞名的吉備津彥神社只有咫尺之遙，是集神道、修驗道[11]、佛教、儒教、老莊等思想與宗教於一體的道場，創設於二十世紀初。該團體也以集中安置並供養無緣佛[12]的石塔而聞名。

福田海本部一角有鼻環塚，是一座色彩異常鮮豔的墳塚。近看會發現各色塑膠環層層疊疊，其實這些全都是原本穿在牛鼻上的鼻環。

藍、綠、橘、紅、白，大量五色鼻環堆成一座小山，顏色有多鮮豔，氣氛就有多詭異。

11 日本傳統山岳信仰加上佛教要素而成的特殊信仰。徒步山中進行嚴格修行，磨練身心，目的在於追求開悟。實踐修驗道修行的人稱為「山伏」。
12 無人供養的亡靈。

前身為古墳的鼻環塚中央是馬頭觀音，左右有牛、豬銅像坐鎮。現在的鼻環塚色彩鮮豔、引人注目，不過以前其實很不起眼。

鼻環主要穿在肉牛的鼻子上，用來控制其行動。過去曾有黃銅製、鐵製和木製鼻環，現多為塑膠製。以前塑膠鼻環清一色是白的，近年則以彩色為主流（大概是用來區分等級和品種）。

也就是說，鼻環是專供食用的動物被宰殺後唯一的遺物。而這個鼻環塚便是將這些鼻環集中起來供養的地方。

鼻環塚建於大正十四年（一九二五），據說是福田海開山祖師中山通幽因憐憫為供人食用而宰殺的牛豬，發願建造。鼻環塚的前身是小型古墳，石室部分安置有熔化金屬鼻環後製成的金屬板。將古墳改造成供養鼻環專用的墳塚，這樣真的好嗎？我無法消除心中的質疑，總之這座日本罕見專門供養家畜的墳塚就這樣存續到現在。

順帶一提，目前鼻環數量超過六百八十萬個，聽說現在每年仍有上萬個鼻環從全國各地送達。以前墳塚是白的，單調不起眼，但隨著鼻環顏色增加，從某個時期之後墳塚也變得鮮豔多彩，甚至到了詭異的程度。大正時期發願的中山大師

觸鼻環塚曾出現在電視劇《超人力霸王A》中，故事描述一身嬉皮打扮的年輕人（蟹江敬三飾演）從這裡盜取鼻環，變身牛怪獸。現在想起來不免一頭霧水，為什麼要在這種地方拍攝……？

或許也沒想過會變成這麼一座華麗的墳塚吧。

不僅是失去與他人牽絆的「無緣」亡魂，福田海本部甚至將供養對象擴及被宰殺的牛豬靈魂，對此我除了尊敬還是尊敬。只不過，面對眼前由無數色彩編織成的震撼景觀，我只是愣然佇立原地，久久說不出話來。

犬之宮、貓之宮背後的因緣

犬之宮・貓之宮（山形縣高畠町）

那光景讓人看著看著胸口一陣抽痛。山形縣高畠町有犬之宮、貓之宮兩座神社，可想而知分別是祭祀狗和貓的神社。犬之宮位於稍高的山丘上，貓之宮則是觀音堂，距離犬之宮所在的小丘不過約一百公尺。

拾級而上前往犬之宮，只見拜殿正面貼了好多小狗的照片。從裝框照片到彩色列印應有盡有，排滿各種小狗遺照。這些幾乎都是為了供養過世的寵物犬所奉納的照片。

也有一些照片上寫著「祈求早日康復」、「請保佑找到走失的小狗」等祈願。在一片追悼文字中看到尋獲愛犬的感謝文字時，不禁鬆了一口氣。

至於貓之宮雖然也貼有貓的照片，數量卻遠比犬之宮來得多。會不會單純是因為寵物貓的總數比較多？不過以寵物來說，貓的數量超越狗似乎是這一兩年的事，這之前狗的數量絕對占上風。以平均壽命來說好像也是貓要稍微長一點，那到底為什麼貓之宮的照片比較多呢？真是個謎。

貓之宮的照片同樣幾乎都是供養用的，有寫滿對已逝寵物思念之情的照片、貓咪和飼主的紀念照、貓咪垂死之際的照片等等。其中一張道盡了飼主彷彿失去孩子般的悲傷心情。仔細一看，一個貓用小項圈捲成束，垂掛而下。

奉納於犬之宮的寵物畫像，由飼主所繪。

拾級而上便是犬之宮。

奉納於犬之宮的小狗照片，數量驚人。

貓之宮。奉納的照片數量遠多於犬之宮。

無數貓咪的視線，讓人看了心痛……

不少照片都褪色了，但沒有一張顏色完全脫落。負責管理的單位大概把放了一段時間的照片處理掉了吧。

諸如此類祭祀犬、貓的社寺全國也有幾座，不過在幾乎是同一地點祭祀狗和貓的例子很少見。而且犬之宮、貓之宮既非振興地方活動的一環，也不是由寵物靈園主導，兩者都有自古以來的傳承。

犬之宮的由來如下：

從前這個村子每年都要向官人獻上少女，作為貢賦，村人為此煩惱不已。一名盲眼旅人聽聞後，將兩隻從甲斐（山梨縣）帶來的狗放到官人的酒席上，現場登時陷入混亂。後來旅人前往查看，發現官人其實是大狸化身，兩隻狗也已氣絕身亡。村人可憐兩隻夠，於是建立了犬之宮。

接著是貓之宮的由來。

從前村裡有對夫婦沒有小孩，養了一隻貓，不過貓的樣子一天比一天奇怪，經常瞪視妻子，彷彿隨時要撲上去。丈夫注意到貓的異狀後砍下貓頭，結果貓頭騰空而起，飛向屋外緊咬大蛇的頭不放。原來這隻貓試圖保護夫婦免受大蛇攻擊。村人可憐牠而建立了貓之宮。

這兩則傳說其實來自同一個故事：大狸被狗咬死時血流滿地，而貓頭緊咬不放的大蛇吸了血，吸納了大狸夾帶的怨恨。再往前推的話，大狸在比叡山開山之際被名為聖真子權現的神明趕跑，逃到甲斐國，在甲斐國敗給剛才提到的兩隻狗後一路逃到高畠町。也就是說，犬狸大戰前後打了兩次。

順帶一提，被貓咬死的大蛇墳塚也在犬之宮、貓之宮附近，是人稱「蛇壇」的石圈，不過大蛇是反派，蛇壇便沒能成為供養地了。

後來還有大蛇的子孫和村民交戰的傳說，這邊就不多談了。於是以狗對大狸、貓對大蛇兩場大戰為中心的漫長故事就這樣漸次展開。

這故事想當然耳不單是傳說，背後還暗示著什麼。大狸暗喻大和朝廷或天台宗（比叡山延曆寺）的某個敵人，這點錯不了。故事裡的角色到了現代早已化身神祇，承接所有痛失寵物之人的悲傷，不過一旦仔細思考狸、蛇、犬、貓分別暗示著什麼，忍不住會想，這背後隱藏了更大規模的歷史。

決定天下的關鍵一戰

黑犬神社（靜岡縣藤枝市）

供養小狗有時乃基於毫無道理的根據，教人吃驚。靜岡縣藤枝市有一座鬼岩寺，以留有鬼爪痕跡的岩石聞名；境內一隅矗立著一座小祠堂，即黑犬神社。

黑犬神社小歸小，鳥居、狛犬一應俱全，外型神似現代寵物犬的狛犬尤其吸引我的目光。往社殿內探頭一瞧，只見一座散發溫潤光澤的黑犬像坐鎮中央，周圍奉納著許多可愛的小狗布偶。

應該是用來供養過世的愛犬吧。正中央的黑犬全身烏黑，怒目而視，與兩旁趣味橫生的布偶形成強烈對比，令人目眩。黑犬神社確實有看頭，不過最令我訝異的是神殿旁寫有神社由來的解說文字。

據說在江戶時代，鬼岩寺有一隻來自春埜山的猛犬名叫大黑，驍勇善戰。領主聽聞後讓自己飼養的大白與大黑對戰，結果大黑取得壓倒性勝利，激怒了領主。領主命家臣將大黑斬首，被逼到無路可退的大黑於是縱身一躍，投井自盡。據說當時井底竄出黑煙，煙霧化為上千頭黑犬，齊聲高吠。領主見狀後反省自己的荒唐行徑，並建立黑犬神社，撫慰大黑之靈。

這個故事還有外傳。聽聞最強大黑傳說的土佐守於參勤交代[13]時，試圖讓大黑對決自己飼養的土佐犬，結果一大群來自大黑出身地春埜的狗現身助陣，土佐犬登時像洩了氣的皮球龜縮不前，對決也就不了了之了。

讓人在意的是大黑的出身地春埜，與土佐犬開戰時助陣夥伴也是從春埜來的。春埜指的是黑犬神社所在地藤枝市西北方約二十五公里處的春埜山大光寺，別名「犬大人」，是一座屬於山犬信仰的神社。

而土佐這地名也讓人介意。有一說指領主飼養的大白也是土佐犬。為什麼大黑非得跟土佐犬對戰兩次不可？這絕非偶然，其中必定隱含什麼意義。

我的看法是這樣：土佐犬應是犬神的暗喻。土佐是犬神（犬靈附身物）信仰盛行之地。犬神信仰勢力龐大，過去長宗我部氏還曾下達名為犬神下知狀的命令，禁止犬神信仰。這麼說來，剛才的故事不正是東日本盛行的

13 日本江戶時代幕府統御大名的制度。各藩大名每隔一年必須離開領地前往江戶，居住一年後才能返回領地。

靜靜矗立於鬼岩寺一隅的黑犬神社。

祠堂內的黑犬像，周圍像被包圍似地奉納了大量小狗布偶。

山犬信仰與西日本的犬神信仰兩大「犬信仰」之間的對決嗎？

黑犬神社既然是本地神社，代表山犬信仰的大黑大獲全勝也是理所當然。不過假設真如我所想像的，這則傳說其實意味著賭上山犬信仰霸權的決定天下之戰，那事情就不是寵物供養這麼簡單了……

源自人類惡業的「鮭千本供養」

鮭魚供養（山形縣遊佐町、秋田縣仁賀保市）

從新潟縣北部一直到山形縣庄內地方、秋田縣沿岸南部，鮭魚也成了供養對象。

尤其山形縣遊佐町和秋田縣仁賀保市周邊是有名的鮭魚洄游區，自古便流傳著「千條鮭魚等同一條人命」的說法，捕獲一千條鮭魚就會奉納一根名為「鮭千本供養塔」的卒塔婆，以此供養鮭魚。

只要到當地的建網公會、漁業生產公會等鮭魚業的廠房設施，就會看到卒塔婆群。巨大的卒塔婆沿著河堤排排站，模樣讓人聯想到恐山或山寺（立石寺）等供養死者的靈場，寂寥之情油然而生。

若從奉納歷史的觀點來看，這項習俗可說饒富趣味。

其實鮭魚卒塔婆林立的光景並不是自古就有。過去很少能一次捕到上千條鮭魚，因此立供養塔的儀式也是幾年或幾十年才舉行一次，像這樣好幾根卒塔婆一字排開的光景根本不可能出現。

然而進入昭和時代、開始採行人工孵化鮭魚後狀況為之一變。過去捕鮭魚全看天吃飯，改為人工孵化後溯河洄游的鮭魚暴增，數量與過去相較有天壤之別，好幾年、好幾十年一次的立塔儀式也因此幾乎成了每年的例行活動。

雖說是傳統儀式，卒塔婆林立的景象卻是高度經濟成長期之後才出現。既然輕

位於遊佐町的漁業生產公會的工廠。在這裡捕捉溯溪而上的鮭魚。鮭千本供養塔靜靜矗立於建築物後方。

排成一列的卒塔婆，上面寫有「鮭魚諸精靈頓證菩提莊嚴報地功德圓滿高顯供養塔」字樣。一看立塔年分，一年一根，大約在一月到二月左右建立的。

易就能捕到大量鮭魚，供養鮭魚的習俗就算消失也不足為奇，但這裡的人反而依傳統習俗繼續供養，直到出現了過去不曾有的卒塔婆林立光景，這點還真是饒富趣味。

不過說起來還真不可思議，為什麼只供養鮭魚呢？

這個地區其他漁業當然也很興盛，可以捕到各種漁獲，為何只誠心供養鮭魚呢？想必有特殊緣由，調查後才知道原來與鮭魚漁業的特殊性有關。

鮭魚和其他魚種不同，是以人工方式控制生育的魚類。其他魚種不論採網漁或其他漁法，都不確定捕不捕得到。就這點來看，人類和魚某種意義上可說處於對等的立場。

但鮭魚和人類的關係絕對稱不上對等。公會放流鮭魚魚苗，鮭魚成長後依本能洄游到出生的河川，並不知道上面有捕魚設備正等著牠們——

每年從九月下旬到一月中，尤其十月到十二月為高峰，鮭魚會洄游至當初被放流的河川，各流域的公會再用外型像大鼓一樣的器具一一捕撈，送進公會工廠。接著，鮭魚被放在類似輸送帶的機械上送進來，打工的歐巴桑們正在等著。

接下來的畫面很殘忍，相當於影片中紅底白字大大寫上「內有恐怖畫面，慎入！」的程度。個頭嬌小的歐巴桑火力全開，往鮭魚頭上「砰！砰！」用力敲擊，把鮭魚一一打死。順帶一提，她們手上類似球棒的工具聽說叫做「安樂棒」。

接著迅速剖開命喪棒下的鮭魚魚腹，取出魚卵，再把公鮭魚的精子擠到魚卵中，等待孵化。孵化後的稚魚予以放流，隔年便有大量鮭魚洄游至被放流的河川……如此反覆循環。對了，依公會協議，母鮭魚肉不能販售，所以每年都是成批丟棄。

也就是說，（從某個角度看）人類掌控鮭魚生死、敲死鮭魚、浪費大量魚肉，就這三點來說背負了殺生罪業，或許因此充滿罪惡感，覺得必須好好供養才行。

換言之，現在的供養塔意味著以傳統習俗淨化因近代漁業而生的罪惡與汙穢。這也是一種具現代意義的供養方式。

原始的血液在東京近郊沸騰

歲德燒（神奈川縣川崎市）

注連繩與門松等新年裝飾是帶來好運的吉祥物，象徵各種意思，因此處分時也需符合一定程序，不能隨意丟棄。與其說處分，也可說是近似供養的行為。

焚燒新年裝飾物的儀式又稱為歲德燒、左義長，在一月中旬的小正月舉行，全國各地都可看到。話雖如此，最近在都市地區很少見到，就算有規模也都很小，漸漸地只有在農村或山間才看得到了。

其中，神奈川縣川崎市內好幾個地方都可看到歲德燒，規模在首都圈中算是比較大的。筆者走訪了川崎市麻生區，是距離都心不到二十公里、住宅區與田地混在的地方。

歲德燒通常在收割後的田地正中央舉行。

首先用竹子搭建圓筒形的高櫓，高約十公尺，形狀就像美洲原住民的圓錐形帳篷。接著將附近居民帶來的

高櫓點火前的樣子。綠色的竹子、門松和注連繩，紅色的達磨不倒翁和新年裝飾物，顏色對比強烈，令人目眩。

一點火，高櫓馬上被火焰吞噬。十多公尺高的火柱、竹子燃燒的爆裂聲、逼人的熱氣，全都讓觀者熱血沸騰。

新年裝飾物一一掛上，有注連繩、門松、玄關裝飾物……其中最引人注目的便是達磨不倒翁。綠竹搭成的高櫓上掛著大量紅色不倒翁，遠看就像一棵遲了半個月的耶誕樹。高櫓下緣的內側則不斷塞入竹葉、舊平安符與新年試筆[14]的紙張。

回過神才發現四周有好幾輛消防車嚴陣以待。這也難怪，雖說是田中央，周圍有住宅也有森林，大意不得。相較於鄉下地方的歲德燒一派輕鬆，此處瀰漫著緊張氣氛，說是高度警戒狀態也不為過。時間一到，神社神官唱念祝詞，火徐徐點燃。

高櫓內部由於塞滿紙張、竹葉，點燃後瞬間被火焰吞噬。火柱沖天，火勢比想像中猛烈，原本打算站在遠處看就好，但熱氣逼人。一開始還想說天冷正好取暖，最後還是被熱氣逼得往後直退，兩頰又紅又燙，腦袋也逐漸昏沉起來。

還不只這樣，竹子燃燒的爆裂聲伴隨熱氣而來，劈里啪啦響徹雲霄，場面愈趨狂野，體內深處原始的血液蠢蠢欲動，彷彿隨時就要沸騰。

被火焰吞噬的高櫓宛如巨大生物緩緩前傾，但仍垂死掙扎般往四周噴濺竹子碎片，劈里啪啦，劈里啪啦。消防車像是終於等到這一刻，開始噴射水柱，從空中予以迎頭痛擊。

巨大高櫓慢慢前傾，前傾，再前傾，超過臨界點時一口氣崩塌陷落，速度快得讓人措手不及，感覺就像親眼見到特效電影裡怪獸被擊垮倒下的一幕。

至此，崩塌的高櫓化為一堆普通的碎片，這種淨化力量正可說是歲德燒的本質。非日常的「新年」畫下句點，生活再度回歸日常。透過焚燒的方式，讓垂直聳立的高櫓化為水平姿態，表現的不就是這個道理嗎？

一鼓作氣燒掉塞滿新年吉祥物的高櫓，這個行為也等同送走新年時

高櫓崩塌、火勢轉弱後，竹槍部隊便慢慢靠近。竹槍前端刺有糰子，據說只要吃了用歲德燒的火烤的糰子就不會感冒。

14 新年時首次以毛筆書寫文字的活動，一般於一月二日舉行，內容多為帶有喜氣的文字。又稱初硯、吉書。寫好的紙張於歲德燒時燃燒，火燒得愈旺代表字會愈來愈漂亮。

降臨的歲神。換言之，歲德燒不單是供養吉祥物，也是送神，即供養神明的儀式。話雖如此，這供養還真是盛大呢。正因為歲德燒如此淨化人心，就算得出動好幾輛消防車也要繼續辦下去。

功成身退的達磨不倒翁

達磨寺（群馬縣高崎市）

說起來日本人為什麼會供養人類以外的東西呢？該行為背後可能有兩個原因。一是成為供養對象之物對人類有好處，也就是有必須供養該物的理由；二是來自「自然界所有事象皆有神祇棲宿其中」的觀念。這種泛靈思想逐漸發展，結果漸漸發現連橋梁、廁所、廚房等人工產物中都棲宿著神祇。換言之，動物或物品對人有益的想法與日本人特殊的宗教觀交會，供養動物或物品的習俗於焉誕生。供養達磨不倒翁便是其一。

群馬縣高崎市是達磨不倒翁王國，國內八成的達磨不倒翁都產自高崎市。

高崎市的達磨寺據說是達磨不倒翁的發源地，本堂位於稍微高起的小丘上，正面堆滿大量的達磨不倒翁。火紅的不倒翁塞滿本堂的模樣可謂一大奇觀，這些不倒翁在各自的家庭圓滿達成任務後，被送到此處供奉。

向達磨不倒翁許願時，一般作法是先畫一隻眼睛，願望實現後再畫上另一隻。堆滿達磨寺的是畫上兩隻眼睛的不倒翁，換言之，這些都是願望順利實現的證明。果真如此的話，這種吉祥物在畫上眼睛的瞬間便不再為人所需，而被奉納至此。

這麼一想確實是美事一樁，不過仔細一瞧，裡頭也混有少數只畫了一隻眼睛的不倒翁。難道是願望還沒實現但已經不需要不倒翁的人留下的？在「雙眼」不倒翁之海發現隱身其中的「單眼」不倒翁時，略微苦澀的想像不由得在腦海中膨脹。

據說集中在這裡的達磨不倒翁會在每年一月焚燬。順帶一提，本堂旁的達磨堂陳列著全國各地的達磨不倒翁，也有珍奇罕見的達磨不倒翁。生於群馬縣的歷代總理大臣福田赳夫、中曾根康弘、小渕惠三，三人的選舉不倒翁也在其中排排站，讓人不得不再次意識到這裡果然是保守王國[15]啊。

本堂外廊像夾娃娃機一樣堆滿達磨不倒翁。裡面也混有尚未塗紅漆的不倒翁。

收集了全國各地達磨不倒翁的達磨堂。提到達磨不倒翁就會想到選舉，那幾位人物的不倒翁當然也在其中。對了，這裡並沒有第四位總理的不倒翁。

15 日本保守黨派的鐵票區，尤指支持自民黨的都道府縣或選區。

無主墓石群集奇景

墳墓的墳場（京都府某處）

墳墓是為了供養死者而建造的，現在卻出現了反過來供養墓石的弔詭現象。

地點在京都府某處的山中，是一個外面的人即便不小心也不會誤闖的地方。寬闊土地一角排滿無數墓石。由於種種因素無法繼續祭掃墳墓的人將墓石寄放於此，換言之，這裡是無主墓石的集合場，亦即墳墓的墳場。

寄放的墓石以五輪塔為主，每座都經過仔細研磨，形狀美麗，且多為近年打造而成。換句話說，並非先祖代代相傳的墳墓，而是只經過一代就成了無主墓的墓石。

過去墳墓基本上是由該家族的子孫代代傳承，現在其實也是如此。只不過在少子化的現代，要以家庭為單位代代傳承、祭掃墳墓幾乎不可能。尤其住在都市的核心家庭，聽說有不少只經過一代就成了無主墓的案例。

鄉下地方也因晚婚所趨，無法遏止少子化的腳步。換言之，不論都市或鄉村基本上都面臨少子化問題，墳墓無主化已是大勢所趨。這個狀況現在在日本全國相當嚴峻，甚至有不肖業者將墓石非法棄置山上或投入海中。

據說在這座「墳墓的墳場」會對寄放於此的墓石誦經，施予一定的供養。這麼說來確實如此，成排的墓石群正面放有香爐和花瓶，也留有供奉線香的痕跡。

如果是在過去，做父母的大概作夢也沒想到自己蓋的墳墓會變成孩子的負擔吧。有許多父母親反而是因為不想給孩子造成負擔才自己蓋墳墓。

這份體恤的心意如果反過來造成孩子的重擔，真的只能說太諷刺了。

這個現象如實呈現了日本不同世代間對於生死觀的落差，某種意義上來說也是現代社會的象徵。

不斷延伸的墓石群。別提解說文字了，入口處連塊招牌也沒有。不知道誰負責管理的，簡直是謎樣般的設施。

排放於此的墓石幾乎都是來自所謂的「墓相墓」。如何處置廢棄的墓石在日本已成一大問題。

偏遠神域之「神明的墳場」

高山稻荷（青森縣津輕市）

青森縣津輕市的高山稻荷神社聚集了廢棄的稻荷神，簡直化身為神明的墳場。

高山稻荷距離津輕半島上臨日本海的七里長濱不遠，雖然人跡罕至，實際走訪卻讓人驚訝其規模之宏大。寬闊土地上有大型社務所，而最令人瞠目結舌的，要數蜿蜒排列在廣闊日本庭園的紅色千本鳥居了。從山丘上可眺望鳥居全景，如夢似幻的景觀讓高山稻荷在近年逐漸成為受歡迎的景點。

然而，高山稻荷的本質並不在鳥居。事實上在神社境內一隅，參拜者或觀光客幾乎不會涉足的區域有一片神明的墳場。

那裡有成排的狐狸石像，祭拜稻荷神的祠堂一間挨著一間毗鄰而立。祠堂規模不一，有像屋外祭祀屋敷神[16]用的小祠堂、也有屋內的神龕，大一點的甚至連人都可以住進去，總數超過兩百座。

大部分祠堂都已經開始毀朽，幾乎要被後面的雜草堆吞沒。祠堂內部密密麻麻擺滿陶製狐狸。仔細一看，狐狸之外還混有蠶神、白蛇、惠比壽大國天、不動明王等神祇。有時還會看到和人差不多高的大型神像從門扉間隙探出頭來，讓人嚇得差點跌坐在地。

據說這些都是各個家庭棄置不要的神像。

津輕地方稻荷信仰的歷史相對較短。說起來是因為此地的新田開發要到江戶後期才開始，而稻荷信仰，也就是農耕神信仰隨著田地開發逐漸普及。

此外，津輕的稻荷信仰與關西或關東不同，稻荷神始終被當成農耕神祭祀，並未轉變為商業之神，因此原本信仰稻荷神的農家一旦放棄務農，就不再需要稻荷神庇蔭了。一家之主撒手人寰後稻荷神像隨即遭到棄置的例子因而不勝枚舉。

在這個地區要丟棄稻荷社之前，聽說大多會去請示居住地的「卡米薩麻（カミサマ）[17]」。卡米薩麻是津輕

---

16 地主神，為住宅、房舍的守護神，類似台灣的地基主，祭祀於屋外神龕。

17 日文中表示神祇的名詞「神樣」發音也是カミサマ。此處的カミサマ專指青森地方的靈媒，故音譯為「卡米薩麻」，避免混淆。

大量鳥居像是穿越日本庭園般蜿蜒排列，現為高山稻荷最具代表性的風景。

地方民間信仰中的靈媒，人數眾多，在過去被稱為「御夢想」。類似的存在還有潮來，不過潮來是經由傳統修行體系出身的巫女，扮演一定職能角色，卡米薩麻（御夢想）則偏向個人經驗，是因神明附體而獲得靈力的人。津輕地方的卡米薩麻下達指示，要信眾將廢棄的稻荷社奉納於高山稻荷。

據說大正初期高山稻荷就開始對卡米薩麻發出神習教（神道教派的一支）的教導執照（卡米薩麻現隸屬神社本廳）。

卡米薩麻原本一直是單獨行動，高山稻荷以發執照給津輕卡米薩麻的方式，賦予了巫師一定的地位。與此同時，卡米薩麻則鼓勵信眾信仰高山稻荷，藉此對神社做出貢獻。透過這種互惠關係，高山稻荷於是成為津輕地方稻荷信仰的中心，整個津輕的稻荷社逐漸往高山稻荷神社集中。

被丟棄的陶製狐狸中混有許多全新的狐狸像。聽說這些不是被丟棄的，而是附在人身上的狐妖被卡米薩麻封入陶像後奉納於此。換言之，不是廢棄的稻荷神，狐妖至今仍封存在裡面。

我也聽說現在封存狐妖的狐狸像遠多於被丟棄的稻荷神。稻荷神的墳場固然讓人震撼，但狐妖附身的狐狸像不斷集中至此，這個事實讓筆者更感到衝擊。

被丟棄的神明聚集的墳場。連神社導覽圖都沒有標示出這個區域，像是被排除於神域之外的地方。

狐狸石像綿延不絕，其中也有風化、毀損或剝落的狐狸像。陶製狐狸則多為新造。

第二章 疾病與奉納

說疾病是驅使人類走向信仰最大的動力一點也不為過。比起正確的生存之道、美好的來生之類不著邊際的信仰，不如說人類是在當下切身感受到的痛苦裡、在拚命拂拭卻揮之不去的苦難中尋求救贖。

這並非封建時代才有。比起沒有祈禱或咒術的時代，現在的醫學顯著進步；過去被視為絶症的疾病逐漸確立了治療方法，醫學的優越性有增無減。然而隨著醫學發展，過去前所未聞的疾病也陸續被發現，像是未知的病原體，或未曾歸入疾病範疇的「○○症候群」等等。以結果來說，深受疾病之苦的人數更甚以往。

當然，醫療有其無法撼動的限制，未來也不可能出現能完全解決病痛或死亡問題的醫療，因此不論過去或現在，將解決病痛一事交給超越人智存在的託付心情都不會改變。

本章我們將探討疾病與信仰的關係，並探究與疾病有關的神祇誕生的背景。

將手形物、腳形物獻給神明

三方石觀音（福井縣若狹町）
足手荒神（熊本縣嘉島町）
手接神社（千葉縣旭市）

福井縣的三方石觀音相傳是弘法大師開山的古寺。

本堂旁建有名為手足堂的祠堂，裡面堆滿大量手形物，數也數不清。

手形物皆為木製，造型像抓背用的不求人，是罹患各類手部疾患的人痊癒後為表示感謝而奉納的。仔細一看，不只手形物，也奉納了大量的腳形物。

這些手形物與腳形物於本堂內販售，右手、左手、右腳、左腳都有，足見寺方的用心。不過話說回來，為什麼這座寺院裡有這麼多手、腳形狀的奉納物呢？

據說距今一千兩百年前，弘法大師於旅途中繞經此地，只花一個晚上就把一塊大岩石雕刻成觀音像。然而大師在雞啼聲響起的破曉時分便下山離開了，沒有完成觀音像右肘以下的部分。這座刻到一半的觀音像後來被稱為單手觀音，據信對手部疾患特別靈驗。說不上為什麼，總覺得這段小插曲聽起來似懂非懂。

單手觀音演變成手部守護神的過程雖無定論，不過從手形物的奉納方式可見端倪。手腳不舒服的人要先將本堂前的手形物或腳形物借回家，痊癒後購買新的手形物或腳形物獻給寺方，次序是這樣。意思不就是說，因為獲得單手觀音「本來該要有的那隻手」病才治好的？有一說指弘法大師刻意留下一隻手未雕刻，間接證明了

三方石觀音的手足堂裡高高堆起手形物和腳形物，當中雖然也有自製的奉納物，不過大部分仍是寺裡販售的現成品。

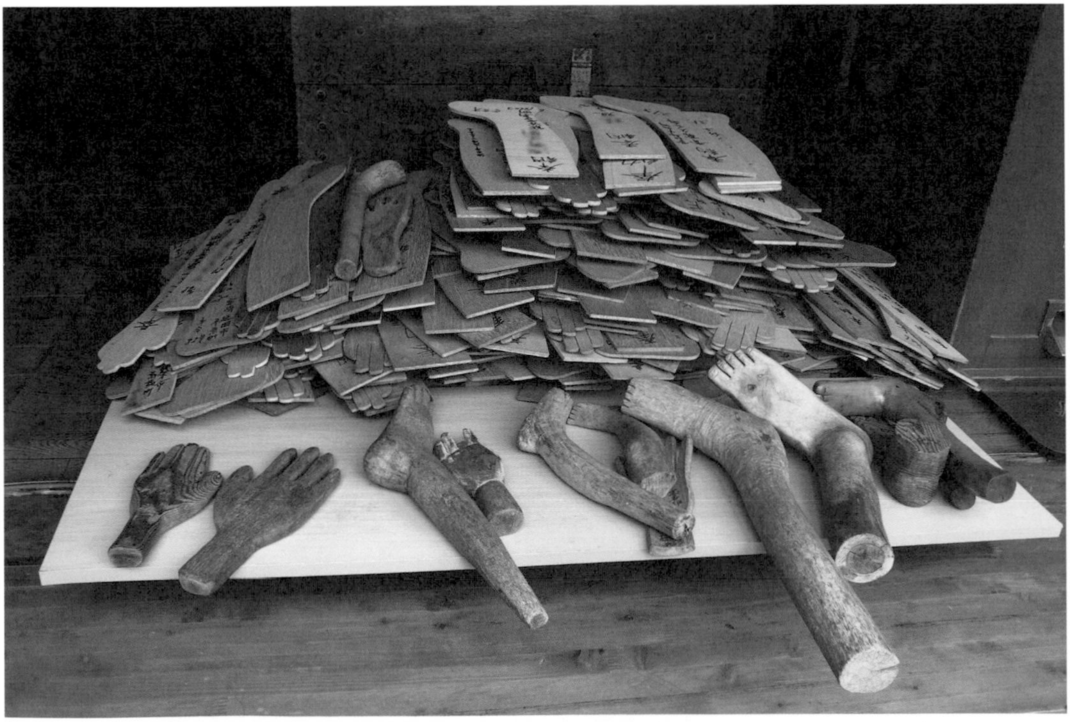

足手荒神的手形物和腳形物。社殿因熊本地震而崩塌，奉納物目前暫時供奉在其他地方。

上述假設。換言之，也可想成是弘法大師一開始就打算刻一座發揮手部守護神功能的觀音像。不過這充其量只是筆者的想像而已。

三方石觀音之外，日本全國許多地方都有奉納手形物、腳形物的，其中熊本縣的足手荒神相當有名。足手荒神境內不算寬敞，社殿前不出所料擺放了大量手形物與腳形物，幾乎都是現成品，但也有很多看起來是奉納者手工製作的。作工簡單，不過有單隻手指特別短的手形物，也有腳背正中央開了洞的腳形物等等，彷彿在說非得這樣奇形怪狀不可，可以感受到奉納者的意念全都凝縮其中。

足手荒神祭祀的是戰國末期的武將甲斐宗立，他在與佐佐成正的對戰中敗北。據說手腳負傷的宗立臨終前留下遺言：「鄙人魂魄長留此世，保佑子子孫孫，拯救為手腳疾患所苦之人」，因此足手荒神才被當成手腳的守護神信仰。許多保佑疾病治癒的社寺都像這樣源自戰爭或政爭中失勢的人物，這一點後面會再詳述。

千葉縣的手接神社是奉納手形物的神社中相當特別的一座。據說嘉永二（一八四九）年時，當地一個名叫八角茂兵衛的人罹患手疾，三度前往茨城縣的手接神社參拜後完全康復，於是他建立石祠表示感謝，後來到了明治時代社殿才整備齊全。

手接神社特別之處在於奉納物皆為石製手形物。一般都是奉納木製的單手手形物，這裡不但是石製，且幾乎都是呈雙手合掌的形狀。

雖然不清楚為什麼會變成這種造型，不過好幾個合掌的石頭並排的模樣，有股筆墨難以形容的震撼。原因無他，正是因為祈願本身化為具體的形狀呈現眼前。該說是合掌的力量嗎？問題的急迫性與奉納者意念之強，更直接地傳了過來。

又或許是因為觀看的這一方彷彿受到合掌的膜拜，才會產生這種感覺。

手接神社的手形物和腳形物。數量不多，但呈合掌狀的手形物相當特別。

奉納鐮刀，斬除病根

足王神社（岡山縣赤磐市）

有一座名為足王神社的神社。相當然耳是足部守護神，許多腳受傷或生病的人會前往參拜。神社位於岡山縣中南部，附近一帶雖然逐漸發展為新市鎮，原本卻是個靜謐的山中小鎮，這一點從其地形也可以想像。

神社入口的鳥居兩側安置了黑御影石打造的足像。既然是足部守護神，放置石製足像當然可以理解，只是那足像從膝蓋以上切得一乾二淨，看來有些詭異。

拾級而上後，一座名為鎌殿的不起眼建築迎面而來。往內探頭一瞧，殿內一角堆放了許多拐杖、義肢、義足。然而占據室內大半空間的卻是大量鐮刀。好幾萬把鐮刀在眼前高高堆起，畫面震撼，讓人一時之間動彈不得。

參拜足部守護神時，一般來說會奉納木製腳形物或草鞋。為什麼這裡是鐮刀呢？

這就要追溯到足王神社的歷史了。

幕末時，附近村落有個名叫梶浦勘助的人在自己家裡祭祀足名椎命和手名椎命。因為相當靈驗，附近的人也開始來參拜，後來神社才遷到現址。

足名椎命和手名椎命是夫妻神，《古事記》、《日本書紀》裡曾出現過，也是後來成為素盞嗚尊之妻的櫛名田比賣的親生父母。

手足成對，卻只有足部守護神成為信仰對象，這要歸因於神社地點非常接近舊山陽道，受到旅人信仰之故。

至於奉納鐮刀的由來有兩種說法。

一是神社遷移時，梶浦勘助用鐮刀將境內雜草除乾淨，之後將那把鐮刀供奉於境內樹木的根部。

另一說則源自「（用鐮刀）斬除病根」。

民間信仰中的奉納習俗經常可見這類諧義雙關的發想，例如希望神明「舀起」自己的願望而奉納飯勺，或

鎌殿內的拐杖、義足、義肢，是病癒不再需要輔具的人為表示感謝而奉納的。

大量鎌刀堆積如山。鎌殿角落也奉納許多鐵製鳥居。

祈求生產時胎兒「順利通過產道」而供奉底部挖空的勺子。

這就很像「Kit Kat」[18]因為和「必勝」畫上等號而變成考生必備的護身符，人們自古以來便認為「言」與「事」並無區別，言行舉止會招致類似的現實。

也就是說，這類「諧義雙關」在信仰的脈絡下出乎意料地有其效果。

奉納金屬草鞋，祈求雙腿勇健

子之權現（埼玉縣飯能市）
子神社（群馬縣館林市）

保佑疾病治癒的眾多神祇中，數量最多的應該是足部守護神吧。

不消說，腰、腿是人體重要部位。以前的人若腰腿不靈活了便再無用武之地，因此以移動維生的人或旅人尤其篤信足部守護神。

談論足部守護神不能不提到子之權現。這座寺院位於埼玉縣山裡，自古便以足部守護神之姿受到信仰。境內奉納人稱日本最大的金屬草鞋與巨大木屐，香油箱上則有無數鞋襪與草鞋。此處為天台宗寺院，據說是以前一位名為子之聖的僧侶所創建。

據傳子之聖有一天登上出羽[19]月山的山頂，拿出般若心經後說「請開示終老之地」，接著便將心經往高空一拋，結果心經一路飛到埼玉的深山裡。子之聖找到心經後正打算開山建寺，不料卻遭當地盜賊放火襲擊，雖在觀音菩薩守護下保住一命，腰部以下卻受傷了。子之聖後來活到一百二十歲，據說臨終前曾言：「貧僧入山修行之際遭逢魔火，傷及腰腿，甚感痛苦。故凡腰部以下患病者，只要全心祈願，便得其願」，說完便與世長辭。

子之權限位於標高六百四十公尺的高處，這在以前對腿腳不好的人無疑是一大難關。現在則有許多登山客和越野跑者造訪，祈求雙腿勇健。尤其通往寺院的坡道在自行車界似乎以超難攻克的爬坡賽道受到矚目，筆者

18 Kit Kat 為巧克力品牌名，發音與日文中的「必勝」相似。
19 日本古代的令制國，相當於現在的山形縣和秋田縣。

奉納於子之權現的草鞋。人稱日本最大的金屬草鞋據說重達兩公噸。

奉納於子神社的不鏽鋼草鞋。

造訪時也看到好幾名筋疲力盡的車手正在參拜。

另外還有一個子之權現，只不過是神社而非寺院：群馬縣的子之權現。

明治初年神佛分離令頒布後，群馬縣的子之權現雖然將名稱改為子神社，但現在大家仍稱之子之權現。神社主神是大己貴命，也就是大國主命。應該是受到廢佛毀釋影響，不再使用子之權現的「權現」這個不討喜的神名，主神也從與「子」（老鼠之意，方位之北）有關的「大黑天」變成「大國主命」（大黑天＝大國主）吧[20]。

根據傳說，身為國津神[21]之主的大國主會到全國各地視察，也有一說指大國主腳踩金屬草鞋遍遊各地。受此影響，子神社裡面奉納的都是不鏽鋼草鞋。

每一雙不鏽鋼草鞋都很乾淨，閃閃發亮。看了一下祈願文，想當然耳有人祈求腰腿疾病早日康復，不過更多的是「保佑我到死為止健步如飛」、「保佑奶奶恢復行走」之類象徵高齡化社會的願望。而這裡當然也有許

20 佛教神祇大黑天為北方之神，北方又相當於十二支中的「子」（即老鼠），因此老鼠被視為大黑天的神使。「大黑」與「大國」日文發音相似，神佛習合下被認為與神道教的大國主命為同一神祇。
21 即「國之神」。相對於「天津神」（天之神），為天孫降臨前便住在葦原中國、守護該地之神祇的總稱。

多選手或運動員來奉納不鏽鋼草鞋，祈求雙腿勇健。

順帶一提，「金屬草鞋」意味著鞋子不會磨損，是健腳的象徵。而從金屬轉變成不鏽鋼草鞋，似乎更多了一層「雙腿不會生鏽老化」的庇佑。傳統的草鞋奉納文化悄悄升級，這一點我想特別寫下來。

「手部疾患」之神平將門

大手神社（栃木縣足利市）

手形物和腳形物成組奉納的社寺占了多數，但不知為何，還是有單純奉納手形物的神社。栃木縣的大手神社以手部守護神為人所知，境內奉納有手掌圖案的繪馬和狀似五趾襪的分岔樹枝，可以感受到信仰之堅定。除了罹患手疾者，也有許多手部相關技術或技藝的從業人員前來參拜，祈求手藝進步。

大手神社開始以手部守護神之姿受到信仰，起源要追溯到平將門傳說。

傳說違逆朝廷的平將門被藤原秀鄉征討之際，雙手飛躍至此；也有一說指秀鄉追查平將門行蹤時，桔梗姬伸手一指，洩漏了平將門所在處。

順帶一提，神社所在的足利市內另有子之權現（足利市樺崎町）和大原神社（足利市大前町）等社寺，據說平將門的雙腳飛至前者，肚腹飛至後者。這樣的話，飛到這邊就是「手」了吧，大手神社因而成為專門供奉手形物的神社。

足利市想當然耳與足利家有所淵源。有趣的是，人稱日本史上三大惡人的平將門和足利尊氏都和足利市有關，第三個惡人弓削道鏡後來也被流放到同屬栃木縣的下野市。為何「惡人」都集中在下野國（栃木縣）呢？值得深入考察。

順帶一提，這「三大惡人」在戰前皇國史觀的脈絡下被貼上「亂臣賊子」的標籤，但（姑且不說道鏡）平將門和足利尊氏在當地人眼中根本不是惡人。甚至提到將門公時，稱他是讓都城的當權者嚇破膽的「我們的英

留有平將門傳說的大手神社。不愧是纖維產業發達的地區，祈求技術進步的繪馬特別多。

雄」都不為過。

死於非命的御靈（被認為）在人世留下強烈意念，進而展開可怕的復仇行動。所謂的御靈信仰（將戰爭中落敗或政爭中失勢者轉化為神祇）便是在這樣的脈絡下出現的。然而御靈的復仇並不及於一般老百姓。對他們來說，不論是怨靈的代表天神菅原道真也好，將門公也罷，都是值得信賴、威力無邊的神靈，此外無他。

怨靈暫且放一邊，大手神社的手形物尤以手掌圖案的繪馬讓人印象深刻。掌心向外張開的動作像在投降說「我認輸了」，也有將內心想法全盤托出的意思。

換言之，奉納手形物也可想成有一定的象徵意義：對讓人敬畏的門將公亮出毫無保留的自己，表明順服之意。還是我想太多了呢？

獻上刀劍，祈求止咳的聖地

七郎權現（福岡縣系島市）

世上有形形色色的奉納物，但像這裡的奉納物般如此強烈衝擊視覺者，恐怕寥寥無幾吧。

面向大海，旁邊就是福岡縣與佐賀縣交界。福岡縣的七郎權現就位在這樣一個地方。鑽過從沿著海岸線鋪設的國道似乎會看漏的不起眼鳥居，進入不算寬闊的境內，眼前意外出現蓊鬱的森林，連小型瀑布和河川都一應俱全，而且ＪＲ筑紫線竟然就從上方通過。

大海、國道、縣境、電車環繞下與世隔絕的狹小空間，在這有如避難所的地方有個淺淺的岩洞。岩洞上方覆蓋屋頂，一眼便可看出是此處最重要的部分。往前踏進岩洞後，各種色彩登時竄入眼中。岩洞裡有上百把刀，而且全是軟膠製的玩具刀，就是小孩子用來模仿武士對決的道具。小小的玩具刀對準岩洞深處，一把把插了進去。

蒽鬱有如小型叢林的岩洞杳無人跡，裡面插滿了刀劍，那模樣說真的很像恐怖電影的場景。色彩俗豔且看來廉價的軟膠刀出現在微暗的神祕森林，說有多不搭就有多不搭。與其這樣還不如奉納真刀或木刀，絕對比玩具刀好上百倍。

七郎權現自古就被奉為止咳之神，為人信仰。

距今約一千兩百年前，戰時負責執韁繩的右馬七郎曾躲在這個岩洞裡。據說躲避追兵藏身於此的七郎只因咳嗽就被發現，被迫自絕性命。後來村人覺得不忍，就在這裡祭祀七郎，把他當成止咳之神來信仰。原來如此。也就是說這裡從以前（沒有國道也沒有鐵路的時代）就是與世隔絕的避難所。

換言之，戰場上的避難所轉化為信仰上的聖域，這樣想就說得通了。不對，就算沒有七郎的傳說，這裡的地形也充滿了聖域的氣氛。

但還有幾點無法理解：如果七郎因為咳嗽被敵人發現，把他奉為止咳之神，不會太強人所難嗎？

岩洞内高高堆起的無數刀劍，彷彿要徹底封印洞穴深處的怨靈。

更費解的是，為何要向戰場上舉刀自盡的人奉納刀劍呢？舉個例子，愛知縣的野間大坊之所以奉納了大量木刀，是因為在該地被暗殺的源義朝身上沒有帶刀。可憐沒有刀而遭殺害的源義朝而奉納刀劍，邏輯相當好懂。

但是這裡呢？奉納的刀劍並非高高堆起，而是刺進洞穴裡，看起來不也像要把自盡的七郎往死裡打嗎……？以下充其量不過是個人見解：咳嗽引來殺身之禍，背負這般悲劇的御靈棲宿於此，隨著時間經過，這個地方最終變成眾人移轉咳嗽疾病的除厄場，進一步衍生出以刀劍斬斷咳嗽疾患、消除苦痛的祈願方式——也可以這麼思考不是嗎？果真如此的話，這面海的邊境之地確實適合作為除厄的場所。

只不過，我同時浮現另一個想法。

剛才提到的戰事是失去權勢遭流放至太宰府的藤原一族中的藤原廣嗣叛亂引起，右馬七郎負責為廣嗣執轡繩。這麼一想，或許是為了防止死於非命的右馬七郎的怨靈作祟，才把刀劍刺進岩洞裡，將怨靈封印其中。這個說法若成立，似乎就和當地村民憐憫右馬七郎而加以祭祀的傳說背道而馳了。不過信仰的場域往往帶有歧義性，七郎權現的由來或許和兩種說法都有關係。

腰卷繪馬背後的悲傷起源

水使神社（栃木縣足利市）

栃木縣足利市有一座據說對於治癒婦科疾病與求子很靈驗的神社，名為水使神社。神社位處地勢稍高的山丘，規模不大。拜殿前綁了許多布片和圍兜。仔細一看，竟然還有女性的腰卷[22]和貼身衣物，不愧是女性的守護神。

拜殿牆上掛有許多繪馬。祈求婦科疾病早日痊癒的繪馬上，僅畫出纏綁腰卷的女性下半身。纖細雙腿從腰卷下方伸出，趾尖微往內攏，整體充滿羞赧氣氛，是圖案富有情感的繪馬。

22 日本女性著和服前纏綁於腰間、直接與肌膚接觸的布匹，長度約到腳踝。

這是水使神社的原創繪馬，吸引了全國的繪馬愛好者與研究者前來一探究竟。廣泛研究日本庶民風俗與民間信仰的美國人類學家弗雷德里克・史塔爾（Frederick Starr）曾於大正時代來訪，據說他稱水使神社為「日本最教人吃驚、最赤裸裸的繪馬寶庫」。不過腰卷圖案再怎麼稀奇，也很難說得上是最赤裸裸的，不難想見大正時代可能有圖案更露骨的繪馬。

至於那「赤裸裸的」奉納現在也確實地繼承了下來：拜殿旁有間名為寶物殿的組合屋，裡面擺滿了仿男性性器的木製奉納物。正因為是同時保佑婦科疾病痊癒和得子的神祇，奉納者的認真程度格外讓人瞠目。

殿內當然也有仿女性性器的奉納物，但不論就數量、大小或技法來說，讓人印象深刻的陽具較多。舉辦每年例行的大型祭典時，會從中挑出幾個逸品，裝飾於拜殿前。

水使神社為什麼會變成擁有這般「赤裸裸奉納物」的神社呢？

根據社方資料，水使神社的主神為伊蘇女水使權現。沒聽過這個神號也是當然的，因為這是水使神社原創的神名。境內的解說文字牌上寫道，距今約六百年前有個負責廚務的侍女叫伊蘇，她的孩子在附近水潭溺

水使神社的拜殿前綁了許多布片和圍兜，裡面也有腰卷和貼身衣物。

寶物殿裡「赤裸裸的」奉納物。其中一個陽具長出手，手上拿著其他陽具，非常超現實，我個人很喜歡。

雖然數量不多，但現在仍奉納有原創繪馬。這裡就某種意義來說成了性感奉納物的聖地。

祈求婦科疾病治癒的繪馬。衣物下方的雙腿往內攏，惹人憐愛。

水，不諳水性的伊蘇為了救孩子縱身往潭裡一跳，結果母子雙雙溺斃。後來水潭發生好幾起讓人聯想到怨靈作祟引起的意外，地方豪族也被託夢，要求將伊蘇奉為水使權現加以祭祀，因此建立了這座神社。

這位名叫伊蘇的女子被認為是出流原弁天的神子。

出流原弁天是有名的弁天神，在足利市的鄰市佐野市受到廣泛信仰；神子則是向神佛許願後生下的孩子，也就是神的化身。出流原弁天是以湧泉為信仰對象的神社，換言之即水神。意思就是，水神出流原弁天的神子伊蘇死於水難，而且是母子雙亡。

想來應該是為了平息水神的怒氣，避免災禍降臨，才將不幸喪生的伊蘇神格化為權現加以祭祀吧。

伊蘇女的插曲充滿所有受女性歡迎的要素。水使神社的信仰能持續至今，應該是水、女神（弁天）、小孩、悲劇等關鍵字深深攫住女性的心帶來的結果吧。

其實伊蘇母子的故事有眾多版本，歷史最悠久的是孩子放掉丈夫養在籠裡的鳥，被嚴懲致死。另外還有孩子在潭邊遭大鵰攻擊身亡、因繼承問題被殺害、伊蘇自己深受婦科疾病之苦等等，各種說法交織融合，流傳至今。或許因為近代以後參拜者日益增加，社方才刻意淡化過去血淋淋的描述，加入女性容易接受的情節再行編輯。

順帶一提，印在繪馬和朱印札上的伊蘇女水使權現手持飯勺和飯桶，似乎暗示著飯盛女（遊女）。其實這座水使神社也為花柳界虔誠信仰，聽說戰前有許多吉原遊女和藝妓來參拜。

水使神社附近過去也存在花街，足利市內就曾有日光例幣使街道的八木宿，遊女如織。她們或被販賣，或流落至八木宿，不難想見伊蘇女水使權現的悲劇如何引起遊女共鳴。當然，水使神社既然對所有婦科疾病都有效，應該也有不少深受性病之苦的女性因此前來參拜吧。

神社山麓還留有一個小水潭，雖然是再小的孩子也不至於溺斃的淺川，過去應該也有過水流湍急的時候吧，畢竟附近就是渡良瀨川。水使神社的信仰人讓人強烈感受到這塊土地和水淵源深厚。

足部用品的奉納與荒脛巾神

荒脛巾神社（宮城縣多賀城市）

荒脛巾神社是一座規模極小的神社，附近就是位於宮城縣多賀城址鬼門[23]的陸奥總社宮。雖曰神社，其實只是孤零零佇立於民宅庭園的小祠堂，麻雀雖小五臟俱全。說是神社，不知為何更像守護民宅的屋敷神，讓人猶豫著是否該入內參拜。

然而愈接近神社，那不尋常的模樣愈是鮮明。

首先映入眼簾的是一圈圈纏在柱子上的大量布片和紙鶴，讓人毛骨悚然。布片與紙鶴間混有大量的鞋子，一一垂掛而下。

再往前靠近一步，奉納物的全貌清楚可見：垂掛柱子上的多是運動鞋，拖鞋和涼鞋也不少。而纏在柱子上的布片其實是絲襪和襪子。

除此之外，神社階梯上也有成排的鞋子，另外還奉納有木製腳形物、草鞋、義肢義足等輔具，甚至連溜冰鞋都有。

這個神社一定是足部守護神。上述奉納物想必和社名荒脛巾神社有關。脛巾是步行時纏綁在小腿上的布片或稻草，也就是綁腿的原型。換言之是旅人穿戴在身上的配備，自然而然就演變成足部守護神吧。

然而這荒脛巾神可不是這樣三言兩語就能交代過去的。荒脛巾是東日本常見的神祇，根據靈異愛好者之間有名的古書《東日流外三郡誌》記載，蝦夷人[24]曾信仰荒脛巾神。

假設荒脛巾神象徵著這裡所說的反朝廷之東國人民，那要不就是被朝廷摧毀，要不就是反過來被奉為御靈加以祭祀。若是這樣，把荒脛巾神供奉在這座神社，鎮守防衛蝦夷第一線的多賀城的鬼門，不就自相矛盾了嗎？

各領域的研究者曾試圖調查荒脛巾神究竟是何方神聖，結果愈研究愈模糊，簡直是謎樣般的神祇。有一說認為荒脛巾神是東日本的土著神，也有荒脛巾神是神道以前的古代神的說法，姑且不論真偽，荒脛巾神歷史悠

23 東北方。
24 住在關東北部到東北地方、北海道一帶，不受大和朝廷支配的民族。

久，信仰者眾，這一點應是無庸置疑。至少本來應該不是會隨意祭祀在民宅庭園一隅的神祇。

這樣的荒脛巾神又是從何時轉變為足部守護神呢？

前面提過，在民間信仰的脈絡中，不時可見信仰從諧音或諧義雙關中產生，那應該也有隨時間經過而徹底改變意義的信仰吧。即便神社的起源為人所遺忘，自由馳騁於山野間，時而令朝廷束手無策的先住民，其驍勇善戰的形象大概被投射在「足部守護神」某個部分吧。我是這樣想的。

大量鞋子綁在柱子上。提到足部守護神，一般多奉納草鞋，不過這裡很妙，大多是運動鞋、鱷魚鞋、拖鞋之類現代的鞋子。

column 1

奉納「梯子」，從此不再尿床？

梯子地藏（京都府）

大小、長度各異的梯子排排站。聽說要奉納與年紀同梯數的梯子。

筆者走遍全國各地，看過形形色色的奉納物，其中感到最不可思議的就是「這個」。聳立於松尾大社後方的松尾山山麓有一座小寺院，名為藥師禪寺。登上陡急石階，迎面而來的本堂旁有個小祠堂，裡面供奉了無數的小梯子。

眼前的地藏人稱梯子地藏，自古便以「防止尿床」的神祇受到信仰。據說只要在此奉納梯子，就可以治好尿床的毛病。奉納梯子的習俗至今依然持續著，可以看到許多全新的迷你梯子立在小祠堂裡。

梯子種類各異，有奉納者自製的陽春梯子，也有專業工匠打造的正式梯子。打聽之下才知道，有尿床問題的孩子年紀多大，就奉納相同梯數的梯子。

不過為什麼是梯子呢？難不成是象徵著登大人的階梯（汵）？還是有其他意義？以奉納物來說，實在是讓人百思不得其解。

調查了關於梯子的傳說後，發現有這麼一則古老的故事。

過去有個在比叡山修行的小和尚每天晚上尿床，結果被師兄逐出師門。後來小和尚出現在師兄夢中，還說：「我已不在人世，希望能濟度為尿床所苦的小孩。」師兄前往小和尚出身地松尾，發現藥師堂的崖上有一尊地藏，於是加以祭祀，據說這就是梯子地藏的由來。

不過，還是不知道奉納梯子的意義何在啊……答案在這則故事的後續。

師兄發現的地藏位於藥師禪寺後山山崖上，必須使用梯子才能順利參拜。願望實現的人奉納梯子表示感謝，也方便之後來參拜的人。換言之，登崖用的梯子不知不覺間被認定為奉納物了。

後來地藏從崖上移下來，供奉於現在的地藏堂。雖然不再需要梯子爬上爬下，但奉納梯子的習俗遺留了下來，可以看到過去地藏參拜的影子（＊《信仰與迷信》一九二八年／磯部甲陽堂／富士川游・著）。

梯子兩側寫有奉納者年齡，仔細一看，也有幾個七、八十歲以上的長者。想想確實也是，防止尿床並非小孩的專利。在這種地方切身感受到日本社會的超高齡化，感覺有些微妙。

地藏過去據說是在山崖上，體積比想像中小。

寫有願望的梯子。光只是看著就覺得無比心酸。（繪馬內容：我會好好進行小便訓練。請保佑我不再尿床、漏尿，早日揮別尿布。附屬中學某某某留）

第四章

活祭的習俗

奉納百景

來談談活祭。

向神明許願時所能獻上的「奉納物」中，等級最高的要數祈願者自己的生命了。話雖如此，祈願者如果死了，願望成真也毫無意義，於是轉而獻納他者的生命，這就是活祭。

放眼古今東西，活祭習俗無所不在，印加帝國就是著名的例子。據說印加帝國因為得每天持續向神明獻上人的心臟，於是占領其他國家，把該國的人民當成活祭品獻給神明。

日本各地也流傳著活祭的傳說。一般認為過去在日本也有過人柱[25]、人身御供[26]等作法，民間故事裡也常出現把女兒嫁給住在池子裡的龍神之類的情節（這也是活祭的一種吧）。

有一說指活祭是受到食人時代的影響。在戰場上吃下敵人的肝臟被視為一種吸取對方力量的行為，世界各地似乎都曾發生過。

隨著時代演進，把人當成奉納物祭神益發困難，於是改用動物來奉納。前一陣子筆者去印尼看了托拉查人的葬禮，現場就有大量水牛和豬隻接連被宰殺。

這正是不折不扣的活祭，是為了讓死者順利被召喚到天國而獻上動物生命的行為。牛豬以迅雷不及掩耳的速度被割斷頸動脈，還沒反應過來就已血流成河，氣絕而亡，儀式結束後再分給所有列席者。諸如此類宰殺動物祭神後共食祭品的行為，在現代的日本已經看不到了，不過各地仍散見這項習俗的影子。

此外，據說古時候會將家臣或武人當成祭品，活生生埋入王公貴族的墳墓。若說埴輪人偶或人形物用來代替這些活人，那麼一般為了消災解厄所奉納的人形牌不也可以說是受到活祭習俗的影響嗎？

在這一章，我們將探討這類讓人感受到活祭影子的人形物或動物的奉納習俗。

25 打生樁。建築動工前將人活生生埋入工地當成地基，祈求工程順利。
26 生人活祭。把人當成祭品獻給神明。

喚醒活祭的記憶

諏訪大社上社前宮的御頭祭（長野縣茅野市）

長野縣茅野市諏訪大社上社前宮的御頭祭，是以奉納鹿頭聞名的駭人祭典。

諏訪大社在日本的神社中屬於特異的信仰，原本祭祀的是御社宮司神（又作御左口神）。御社宮司神是自古就存在的在地神祇，大和朝廷統治當地前便已為人信仰。不知是否受此影響，包括御柱祭在內，諏訪大社有許多奇特的祭禮，御頭祭也是其中之一。

御頭祭於每年四月在諏訪大社上社前宮一棟名為十間廊的建築內舉行。將來自上社的神轎請進建築內後，隨即奉上鹿頭作為祭品。

放在三方（放置神饌的台子）上的鹿頭共五個，另外還奉納了鹿肉罐頭、活雉雞等祭品。鹿頭再怎麼說畢竟還是剝製標本，不過以前好像都是供奉剛切下的鹿頭。

上社前宮附近有神長官守矢史料館，可一窺過去御頭祭的樣貌。根據江戶時代的紀錄，御頭祭時會奉納七十五個剛切下來的鹿頭，好像也會供奉野豬頭。其他祭品據說還包括成串的兔子、烤過的野豬皮、鹿肉和鹿腦攪拌而成的東西。祭典結束後，這些祭品全都進了人和神的五臟廟。

此外，這座神社會授予名為「鹿食免」的平安符，類似准許人們吃食獸肉的免死金牌，可說是狩獵文化興盛的此地特有的習慣。

除了奉納鹿頭，御頭祭還有不為人知的另一面。神長官守矢史料館展示的資料顯示，過去祭典中曾經存在人稱「御神」的小孩。身穿紅衣的御神和柱子一起被綁在樹上。這不正是所謂的活人獻祭嗎！

順帶一提，這根柱子稱為御贄柱。現在御頭祭神轎出巡時，柱子會和神轎一起從上社被搬運到前宮，再和鹿頭一起供奉於神前。也就是說，暗喻著活人獻祭的柱子至今仍持續發揮作用。社方對於御神的存在並未多加著墨，不過傳說則有各種說法，例如以前會殺掉御神獻給神明，又或是只做做樣子，根本沒下手；也有一說是

供奉於神明面前的剝製鹿頭。另外還有鹿肉罐頭等祭品。

用紙包住的活雉雞，祭禮結束後會帶到山裡放生。祭禮進行時雉雞安靜溫順，一掃凶猛難馴的印象，相當不可思議。

在鹿頭後方垂首的神官。過去供奉多達七十五個剛切下的鹿頭，祭禮結束後全進了神與人的五臟廟。

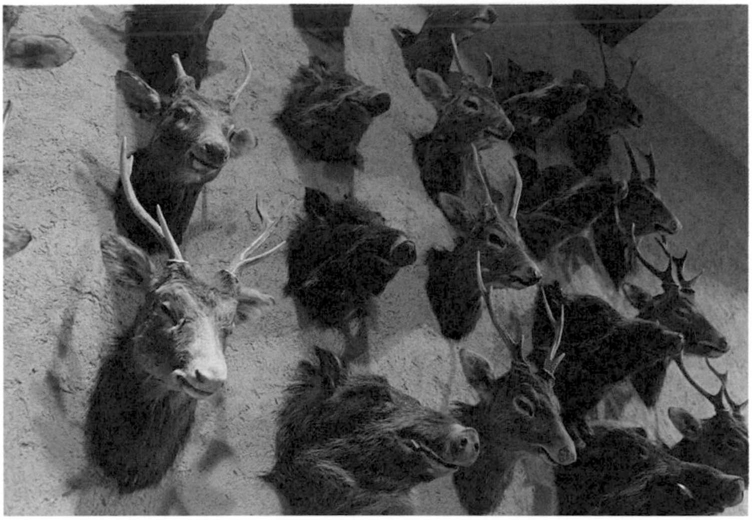

整齊排列在神長官守矢史料館的鹿頭、野豬頭。江戶時代博物學者菅江真澄的遊記裡詳細記載了過去御頭祭的情況。

本來應該獻上神官之子，實際上卻拿乞丐的孩子充數等等。

不論實際情形為何，至今仍殘留著活人獻祭儀式（儘管是以柱子代替）這件事教人驚愕。御頭祭是充滿咒術色彩的祭典，關於其目的仍存在許多未解的謎團，不過從這項神人共食血肉的祭典，隱約可見古代的神信仰的記憶殘渣。

神祕山寺，謎樣的人形牌

藤瀧不動尊（群馬縣綠市）

距離渡良瀨溪谷鐵道不遠的村落附近，有一座位於山裡的寺院，名為藤瀧不動尊。

本堂後方有瀑布，現在似乎是修驗道的修行道場。通往瀑布的階梯欄杆上懸掛了大量人形牌。

人形牌以鍍鋅板製成，在空無一人的微暗林間沐浴著自枝葉縫隙灑落的陽光，發出朦朧的光。人形牌僅輪廓仿照人的外型，沒有五官，且手長腳長，散發出一股外星人的奇妙氣氛。

仔細一看，現場還有同為鍍鋅板製的腳形物和手形物，應該是健康欠佳的人奉納的。不過，一般的手形物、腳形物或人形牌理應會寫上願望和奉納者姓名，這裡卻絲毫不見這類文字，唯獨人形金屬板隨風飄搖。

從這些人形牌不太能具體感受到祈願的意念，我不禁要懷疑，是不是篤信外星人的人獻上的奉納物。

懸掛這麼多意義不明的牌子，我開始覺得事情不單純，應該不是祈求疾病治癒這麼清楚直接的願望。

難不成這些人形牌是被當成活祭品奉納於此？

我的推測沒有任何根據，只是抽象化到這個地步，讓人不免猜想是要把人形牌獻給神明，進一步來說就是把人獻給神明的意思。再說若真是祈願用的奉納物，應該多少會寫些相關訊息才是。

人形牌一般用來封存災厄，藉由放水流或焚燒的方式消災解厄，因此多半以容易燃燒、腐爛或溶解的材質製成（如木頭、紙張、泥土、稻草）。

如果是這樣的話，刻意奉納金屬人形牌，不就意味著這裡的人形牌並非單純作為消災解厄之用？

我也試著從完全不同的觀點思考為何要奉納金屬人形牌。

極其合理的思考是，單純只是地點的問題。此地位處山谷且有瀑布流經，日照不佳，濕氣也重，若是一般的鐵一定馬上生鏽。光看現場就知道了，放在瀑布附近

浮現在秋日夕照中的人形牌。大概是為了方便固定在欄杆上，人形牌的頭部開了個洞，看起來更像活祭品了。

的老舊鐵製刀劍全都生鏽腐蝕，而近年才奉納的不鏽鋼製刀劍則閃閃發光，像新的一樣。
此處的人形牌奉納始於何時仍無定論，不過應是為了防止生鏽，才慢慢改用鍍鋅板人形牌吧。
我試著發揮想像力，連外星人、活祭品都搬出來了，不過真正的理由或許就是這麼單純也說不定。
不過這些人形牌確實散發神祕的魔力，才會讓人激起如此狂想吧。各位覺得呢？

瀑布位於山谷，周圍濕氣濃重，奉納於瀑布旁的鐵製刀劍全都生鏽了。年代久遠的人形牌表面覆蓋苔蘚，稍微變綠。

離島神社的大量「鹿角」之謎

志賀海神社（福岡縣福岡市）

志賀島，一座橫亙於博多灣、像是為博多灣上蓋的島嶼。雖曰島嶼，與本島以沙洲相連，從福岡市開車可達，是相當受歡迎的旅遊勝地。志賀島自古即為日本與朝鮮半島往來貿易的重要據點；蒙古人入侵時，這裡也成了兩軍交戰的戰場。而此地最出名的，便是出土了耳熟能詳的「漢倭奴國王」金印。志賀島不論在歷史或地理上都是極為重要的島嶼。

志賀島上有一座志賀海神社，創建年代不詳，但留有神功皇后三韓征伐之際的傳說，歷史悠久。志賀海神社除了是志賀島的守護神，也是司掌海防的神社，被視為全國綿津見神社與海神社的總本社，想當然耳從神社所在的山上能清楚眺望大海。

神社一角有座名為鹿角堂的小型建築。這座混凝土建築三面是封死的格子窗，裡面密密麻麻塞滿鹿角，不見其他東西。

鹿角一路堆到格子窗最上方，數量聽說超過一萬根。整個空間都被鹿角填滿，人當然進不去。到底是怎麼把這些鹿角放進去的？怎麼想都非常不可思議。不管怎樣，目前看來不太可能再放鹿角進去，這也意味著現在已經不再奉納鹿角了。

而這個奉納鹿角習俗的由來也和神功皇后有關。

據說一開始是神功皇后在對馬[27]獵鹿時奉納大量鹿角，後來演變成還願時奉納鹿角，感謝神明實現願望。當中也有綁上浮標後放水流的鹿角，漁師撿到後供奉在神社裡。

有一點讓人在意：為什麼會向海上守護神的志賀海神社奉納鹿角呢？真正的理由雖然不清楚，倒是散見幾個提示。

其一與鹿的特性有關。不用舉奈良的鹿為例也知道，一般很容易以為鹿是棲息在山中的生物，但鹿其實能

27 日本古代的令制國，又稱對州，相當於現在的長崎縣對馬島。

從一座島嶼游到另一座。換言之，鹿或許也曾被當成海裡的生物來祭祀。鹿角綁上浮標後放水流的習俗或許也暗喻著鹿泳渡海洋，到另一座島嶼繼續繁衍。

此外，志賀海神社有山譽種蒔漁獵祭（山譽祭），祭典中聽說也會重現獵鹿場景。換言之，志賀海神社既是海上守護神，也是山的守護神。同時擁有這兩種神性的鹿則是象徵這座神社的存在，這麼說應該不為過。

另外，據說也有一派傳說認為志賀海神社所祭祀的海神安曇磯良與茨城縣鹿島神宮的鹿島明神是同一尊神祇。正如大家所知，鹿島神社便是以鹿為神之使者的神社。

只不過，據說「志賀島＝鹿島＝奉納鹿角」的說法並沒有根據，志賀島為「近之島」訛化而來。

不管怎樣，突出於玄界灘的海岬志賀島自古便是各種事物碰撞、交錯的特別場域吧。而鹿角作為此處才有的奉納物，似乎正說明了這一點。

鹿角堂外觀。神社位於面海的高台，從境內能清楚眺望大海。

鹿角的數量據說超過一萬根。沒人知道這麼多鹿角是怎麼放進去的。

為奇蹟聖水獻上三千髮絲

椿大師（大分縣豐後高田市）

獻上身體一部分的奉納習俗也可說是從活祭演變而來的吧。

日本各地散見奉納頭髮的習俗，京都東本願寺裡以眾多女性頭髮編織而成的繩索就相當有名。明治年間重建東本願寺時由於麻繩強度不足，女信眾於是自發性捐出頭髮。

其他地方也可見這類用頭髮編織的繩索。有一點很重要的是，提供頭髮者皆為女性。也就是說，女性的頭髮被視為棲宿了特殊魔力的存在。

還有很多奉納女性頭髮的例子。

拜訪東北地方靠日本海一側的漁村或港口小鎮的寺社時，有時會看到境內奉納著頭髮。烏黑的頭髮大量供奉於陰暗的堂內，讓人看了幾乎要腿軟。聽說這些頭髮是婦人為了祈求神明在丈夫遭遇海難時伸出援手，將頭髮當成自己的分身奉納給神明的。

我也在其他寺社看過頭髮的奉納，想談談其中衝擊最大、印象最強烈的地方。

地點在大分縣的國東半島。一般認為這裡是天台宗系的山岳信仰「六鄉滿山」開花結果之地，不過此處也留有真言宗開山始祖弘法大師到訪的傳說。

仔細想想，國東半島雖然是九州的一部分，以地理位置來說位處瀨戶內海西邊，發祥於四國讚岐（香川縣）的弘法大師信仰會傳到這裡也不奇怪。

據說弘法大師有天來到國東半島，用手中的錫杖往地面一擊，地面隨即湧出泉水（手中的錫杖變成椿樹），而那泉水至今仍汩汩湧出。

這就是所謂的椿大師傳說。弘法大師曾留下口吞金星，手腳和嘴巴同時握筆，一口氣寫下五行文字超凡入聖的傳說，相形之下椿大師傳說便稍顯平淡無奇了。不過全國各地都留有弘法大師開鑿湧泉的傳說（弘法水、

椿堂本堂。後方有個據說是弘法大師修行過的靈窟，與大師有關的御靈水從裡面湧出。

屋簷下毛燥蓬鬆的頭髮，下方也奉納了石膏和護腰帶，飄散著異樣的氣氛。

弘法井、弘法清水等），可見在當地人心目中，弘法大師是讓極重要的奇蹟得以發生的偉人。

不過，一旦來到椿大師傳說之地，卻教人不知如何是好。只見現場椿光寺、椿堂、椿大堂三座寺院相毗鄰，每一個都主張自己和椿大師傳說有所淵源。到底哪個才是本家，答案只有大師才知道，但且容我擅自這麼解讀：正因為弘法大師空海如此偉大，本家地位之爭才會如此激烈。

接下來進入正題。我前往椿堂的本堂參拜，殊不知驚愕的光景正在那裡等著我。

本堂屋簷的下方奉納著大量頭髮，混雜在石膏、護腰帶和拐杖之間，數量大約三千人份！

頭髮全為長髮，短則五十公分，最長接近一公尺，想當然耳應該都是女性的頭髮。雖說是屋簷下但畢竟還是室外，角質層皆已剝落，變得毛燥蓬鬆。說是頭髮，倒不如說像熊的毛皮更貼切。

這麼多頭髮讓人看了心裡發毛，不過一旦克服心中恐懼，反而覺得有股難以言喻的震撼力，甚至有些感動。都說頭髮是女人的生命，留了好幾年的長髮二話不說一刀剪下獻給神明，可以說是帶著相當的覺悟所獻上的奉納物。

寺方表示，這些頭髮是喝了此處的聖水治好疾病的人為感謝神明而奉納的。換言之，一旁的拐杖和護腰帶也是因為病癒後用不到了而奉納給神明。這裡簡直像流出聖水的法國露德朝聖地，是以聖水和信仰的力量治癒疾病的奇蹟發生地。

這類地方往往可見怪誕的光景在眼前展開，究其根源，是信眾未考量寺院整體景觀，一股腦獻上奉納物所致。對治癒疾病愈是靈驗的寺院，這樣的傾向愈強烈。

有趣的是，不論寺社或奉納者、參拜者，根本沒人想過會出現這樣的光景。或許正因為這景觀無人能掌控，才更加撼動身為觀者的我們的心吧。

本堂掛不下的頭髮、義肢義足等輔具在椿堂入口的鐘樓下方高高堆起。這裡的頭髮沒有暴露在外，看起來像剛剪下不久。

大量蝶翼織成的驚人裝飾

山田教會（長崎縣平戶市）

長崎縣生月島。雖然是座相當偏僻的島嶼，但與長崎本土以橋梁相連，幾乎是日本最西端與陸地相連的島嶼。

生月島也是知名的隱匿基督徒所在地。江戶時代德川幕府下令禁教，基督徒成功避開幕府耳目，長達兩百五十年的時間持續其信仰。生月島之外，長崎縣的外海地方、五島列島以及熊本縣的天草地方都曾存在許多的隱匿基督徒。

這些隱匿基督徒表面上嫻熟佛教行事，葬禮也是依佛教方式進行。他們偽裝成佛教徒，唱誦的卻是稱為聖誦（oratio）的祈禱文，膜拜外型仿觀音像的瑪利亞觀音。就這樣在漫長的歲月中，在缺乏正式神職人員的引導下，像是祕密結社般持續著他們的信仰。

隱匿基督教與佛教、神道、民間信仰互相融合，結果形成了與原來的天主教截然不同、放眼世界獨一無二的混成宗教。

明治時代基督教解禁，多數的隱匿基督徒重新「改信」基督教，正式成為天主教徒。不過仍有一部分隱匿基督徒並未成為天主教徒，而選擇繼續維持從江戶時代一直傳下來的信仰型態（※現在將禁教時代的基督徒稱為潛伏基督徒，而將到了現代仍承襲潛伏基督徒時代信仰形式的人稱為隱匿基督徒）。

隨著時代變化，繼承隱匿基督徒信仰的人數銳減，只剩下生月島等地仍存在著少數信徒。

這樣的生月島上有一個山田教會。

山田教會是大正元年建成的天主教教會，當然也是為了從隱匿基督教「改

建築出自明治到昭和年間參與多個天主堂教會建設的鐵川與助之手。木造的蝙蝠天花板令人印象深刻。

信」基督教的天主教徒而成立的教會。順帶一提，明治政府解除禁教令後不久，生月島仍有八到九成人口持續著原本隱匿基督徒的信仰。山田教會成立時，島上的天主教徒恐怕都還是少數。就某種意義來說，山田教會就好比橋頭堡般，設在隱匿基督徒與天主教徒兩種信仰互相對抗的宗教最前線。

山田教會由參與長崎各地多個教會建設的鐵川與助設計，規模不大但五臟俱全，木造的蝙蝠天花板為一大特徵，是個雅致的教會。正面有身穿和服的人膜拜上帝的浮雕裝飾，訴說著這座島上基督教遭到鎮壓的歷史。

只不過，本該是端正典雅的教會，卻有種格格不入的感覺。我抬頭仰望，蝙蝠天花板兩側的拱形部分布滿原始的裝飾，設計以圓形為基調，圖案令人聯想到中南美洲的華麗色彩與復古摩登情調的設計。

格格不入的感覺來自圖案的材質，發出異樣的亮光。我上二樓看個仔細，所有的圖案竟然都是用蝶翼拼製而成！嚇！到底從哪裡弄來這麼多蝴蝶翅膀？

仔細一看，並不是這一帶的日本蝶，而是如閃蝶之類僅棲息於海外的蝴蝶。大量翅膀毫不手軟地用於圖案中。

這些裝飾似乎是一九九〇年左右當時的神父以「七件聖事」為題製作的。昭和末期拍攝的照片（收錄於板倉元幸《昭和末期的長崎天主堂巡禮》一書）中確實沒有這些裝飾。教人驚訝的是，這些裝飾似乎並非花費長時間製作而成，而是由一位神父短時間內完成。

拔下蝴蝶的翅膀，一一拼貼成圖案。為表明對神的信仰與忠誠而獻上蝶翼——蝴蝶這種生物身體一部分。雖然不知道製作者怎麼想，但我不由得認為這樣的行為與獻上活祭品極為相似。當然，製作者或許只是單純想把教會裝飾得美輪美奐而已。只不過在那裝飾中，展現了以宗教之名所注入的驚異能量。

隱匿基督徒與天主教徒互相抗衡的生月島。存在於島上積極的信仰心以具體的形式出現在眼前，對此筆者唯有驚愕，此外無他。

蝶翼拼貼而成的圖案，可以感受到製作者心中近似執念的情感。

有很多以魚為題材的圖案。希臘文的「耶穌　基督　神的　兒子　救主」這幾個字取第一個字母可拼成單字「魚」，因此在基督徒受迫害的時代，魚常被當成基督教的象徵。

頭頸部的神社與帽子奉納

御首神社（岐阜縣大垣市）

岐阜縣大垣市的御首神社是一座對「頭頸部的祈願」很靈驗的神社，廣受信仰。

說到頭頸部的祈願，很容易會以為是祈求神明保佑頭頸部疾病治癒，不過近來以學業相關的祈願為主流，祈求神明保佑腦袋變聰明。尤其到了年初，聽說都會有大批考生來參拜[28]，奉納寫有第一志願的繪馬；另外也有人祈求不要得到阿茲海默症。御首神社的神威雖然僅限於頭頸部，還是相當受歡迎。

御首神社一角有一座繪馬堂。

繪馬堂一般是懸掛繪馬的地方，但這裡的繪馬堂有一點，不，不只一點，是非常奇特，裡面一塊繪馬都沒有，取而代之的是掛在牆上大量的帽子。

一瞬間我會意不過來，心想這是怎麼一回事。根據解說文字牌上的內容，簡單說就是為了能常在神明身邊，獲得庇佑進而成就諸願，於是把帽子當成「自己的分身」奉納給神明。

自己的分身，換言之也可以解釋成用帽子代替奉納者的首級獻給神明。這應該也可說是犧牲（獻上活祭品的祭祀方式）的一種吧。

繪馬堂裡的帽子多為草帽、農用帽、小學生上下學戴的黃帽和體育課用的紅白帽。因為地緣關係，也有幾頂中日龍隊的棒球帽散見其中。印象中大多是用了很多年的帽子。

話說回來，這座神社為什麼會這麼強調「頭頸部」呢？

調查神社由來才知道，這座神社從創建時就是相當特殊的神社。

這座御首神社約一千年前創建，開端是平將門之亂。平將門違抗朝廷，舉兵謀反，兵敗被捕後遭斬首，後來首級被帶到京都示眾。據說將門的首級每晚大眼圓睜，直嚷「老子的身體在哪裡」！

一天，將門的首級終於騰空飛起，準備前往故鄉東國，再次興兵。收到消息的美濃國（現在岐阜縣的一部分）

28 日本的大學入學考試多在一月下旬舉行。

一排排的帽子。這光景讓人立刻想到「腦袋瓜排排站」的說法。大部分的帽子都是用過的，並非新品。

南宮神社，隼人神為阻止將門返回東國興風作浪，持弓箭成功射下將門首級。後來便在首級落下的地點創建御首神社，祭祀將門的首級。

換句話說，這座神社不過是為了祭祀被射落的將門首級而創建的。

同樣留有將門首級飛來傳說的還包括東京大手町的將門首塚。全國各地也有幾座流傳著相同傳說或祭祀將門首級的神社、墳塚，多數集中在關東地方。至於美濃國的「射落從京都飛往東國首級」的傳說，也可說是順著同一個脈絡發展出來的版本。

將門的評價在東西兩地大相逕庭。對朝廷又或是後來的明治新政府來說，平將門就是一個自稱新皇的惡徒，此外無他，但在東國，他非但不是惡人，反而是為持續受苛政壓迫的東國發聲進而舉兵的存在，頗有惹人同情之處。

其實，江戶時代德川幕府曾下令恢復將門的名譽，稱「將門非朝廷之敵」。一般認為這是當時德川幕府為了不讓朝廷干政刻意做出的裁定，不過傳統上在東國將將門視為對抗朝廷的英雄，這一點無庸置疑。

岔個題，祭祀將門身軀的神田明神在明治新政府授意下，曾將平將門從祭神之列除名，一直要到昭和五十九年（一九八四）才再度將將門與其他神祇合祀。即便到了現代，平將門仍來回擺盪於英雄與賊子之間，是個曖昧不明的存在。

那麼，位於東國與西國中間地帶的美濃，又是如何評價將門呢？

以下是筆者個人看法：我認為美濃不僅地理位置居中，對將門的評價同樣不偏西也不傾東，其立場說白了就是「哪邊都無所謂」。

當時的美濃毫無疑問在大和朝廷治下，因此應該有「將門是背叛朝廷的惡徒」的認識。不過這邊想強調一點：射落從都城飛往東國的將門首級的是

九州的隼人在美濃討伐東國的將門。故事相當複雜，但應可看出朝廷在打什麼如意算盤吧。

隼人神。

隼人就是南九州的原住民，同一地區的原住民還有熊襲。一般認為隼人服從大和朝廷的統治，熊襲則否。據說後來隼人一族還曾擔任朝廷護衛等要職。

特地令來自九州的隼人神在美濃征討東國英雄將門，恐怕朝廷不僅東國，連美濃之民也不信任，才令隼人討伐。隼人也不是省油的燈，藉由征討東國之賊，對朝廷展現忠誠。另一方面，美濃儘管收到來自朝廷的消息，卻不想弄髒自己的手，於是被動捲入征討一事。

那麼美濃為什麼會變成事件的舞台呢？這還是要歸因於地理位置：美濃位於畿內（朝廷領土）與東國（蠻族棲息地）的交界。換句話說，既不能讓將門首級返回東國，但留在畿內最後變成怨靈也不妥，或許正因如此才選擇美濃作為「首級落下之地」。

於是在美濃這地方僅留下這非敵非友、充滿駭人威力的首級。

我也想過，或許是因為御首神社的傳說對當地人而言不痛不癢，無法激起特定情感，才會發展出奉納帽子這種實際的信仰方式吧。

獻給山神的無數野豬骨

白鹿權現（大分縣臼杵市）

活祭感覺是很久很久以前就已式微的習俗，不過，從本章到目前為止的討論可知活祭並未完全消滅。在這一章最後，我們將介紹全日本活祭色彩最濃厚、最嚴肅寫實的地方。

地點在大分縣臼杵市山裡的洞窟。

小神社的參道旁，一條鎖鏈從山崖上垂懸而下，像是電玩遊戲中通往祕密入口的暗示。抓住鎖鏈一步步向上攀爬，緊接著又是好幾條鎖鏈。山崖陡峭，不小心手滑必死無疑。就這樣拽著鎖鏈攀爬了好幾十公尺，洞窟的入口終於出現眼前。

往幽暗的洞窟裡踏進一步後，我不由得停下腳步。放眼所及盡是層層堆起的動物骸骨。景象太過衝擊，好一陣子我只是怔在原地，一動也不動。

定睛一看，裡面幾乎都是野豬骨頭，且只有頭蓋骨集中堆放在一處。頭蓋骨上寫有奉納者的姓名與住址，

充滿獸骨的洞窟。聽說曾因骨頭數量增加太多，將部分骨頭丟到山崖下。

從中可知同一個人曾多次獻納。另外也有大分縣外的人前來奉納野豬的頭蓋骨。

洞窟深處散放著其他部位的骨頭，數量多到連站的地方都沒有，只好踩著骨頭前進。每踩一步就發出沙沙聲，我想我一輩子也忘不了腳底傳來的觸感。

最深處有一座小祠堂，意味著這洞窟是個信仰的場域。

聽說這個洞窟受到獵人信仰，他們會將該年首次捕獲的獵物供奉於此。換言之，洞窟裡祭祀的是山神，獵人是為了祈求該年狩獵豐收而來。

據說以前不僅頭蓋骨，還會將沾了鮮血的獵物搬運至此。容我再說一次，這個洞窟位於險峻陡峭的山崖上，就算徒手攀登也得有相當覺悟才到得了，更別提背負著野豬或山鹿了。對於獵人的堅韌與剛強，我除了驚愕還是驚愕。

重新環視洞內，雖然大部分屍骸皆已化為白骨，還是可以看到部分附著血肉的骨頭，野獸的氣味飄散在空氣中，彷彿可聽到某處傳來化為白骨的野獸的咆哮聲。獻給山神的血肉與骨頭既是活祭品，也是獵人對於命喪自己手中的生命的供養。

只能以都會生活的概念來思考事情的人或許無法理解，不過在這個必須與野獸正面對峙才能生存的嚴峻之地，人類殺害動物、食用動物、供養動物，時而將動物當成活祭品獻給神明，必須透過這種方式才能活下去。

激烈的手段，震撼的光景。我看過形形色色的信仰風景，衝擊如此強烈這還是頭一遭。「信仰的現場」強烈撼動人心，卻也真實展現生存一事最原始的姿態。我想把這件事牢牢記在心中。

僅放有頭蓋骨的一角。從那有條不紊的排列方式可窺見信仰之虔誠。

第五章

生與性～生命誕生的奧祕與畏敬

奉納百景

生與死是人類永恆的主題。

人從何而來，又往何處去呢？一直以來，古今東西的宗教都在探索這兩個未知領域的真正面貌。說得極端一點，所謂的宗教甚至可說是人類為了解開這兩個命題而緊抓不放的共同幻想。基於此，在本章我們將試著把重點放在生死的「生」，另外也會談談「性」的部分。

男與女，兩個人類誕下新生命，說起來是相當奧妙的現象。就連在生產機制已為科學闡明的現代，看到嬰兒呱呱墜地時，我們仍會感受到巨大的奧祕、神性與希望。這應該是人類對於生命最初的誕生所懷抱的喜悅與敬畏吧。

人類繁衍後代，生命如種子般不斷延續，這代表什麼意義呢？諸如此類的巨大命題經常為人遺忘，面對純真無邪的嬰兒時，卻又忍不住重新思考起這個問題。

生就是生，以其最原始的姿態存在，什麼思想、旨趣、宗派之類似是而非、充斥著大道理的概念都是後來強加而上，都要被深埋在十萬億佛土的彼方；生，就是如此純粹……講得好像很了不起，不過本章要談的其實是陽具的奉納。

獻給年輕亡靈的陽具群

花兒大權現（德島縣東三好町）
麻羅觀音（山口縣長門市）

日本各地都有奉納陽具的習俗，其中多與求子有關。德島縣的花兒大權現是以奉納大量陽具聞名的寺院，境內名為奉納物殿的建築裡擺滿大量陽具，氣勢驚人，讓人看了不由得倒退三步。這裡的陽具大小不一，種類繁多，從大膽前衛到唯妙唯肖的陽具一應俱全，簡單說就是陽具博物館。

根據當地傳說，播州城主對名叫花兒的年輕女子一見傾心，萬般寵愛，花兒因而遭到侍女嫉妒，惹來殺身之禍。花兒死後現身城主夢中，留下一句「願拯救為愛欲所苦之人」就消失了，城主可憐其遭遇而加以祭祀，這便是花兒大權現的由來。

其他版本的傳說則有一段相當恐怖的插曲。據說花兒遇害後，身體一部分被切下醃漬成小菜，放入城主的膳食裡。林立的陽具與悲傷的傳說，強烈的對比讓人對這座寺院留下深刻印象。

山口縣也有一個與陽具有關的地方，名字直白，就叫麻羅[29]觀音。這座山中小堂位於溫泉街外圍，四周林立著雄壯威武的陽具，教人吃驚。陽具材質多樣，有金屬、石材、混凝土等，全都蘊含著奉納者祈求早日得子、出類拔萃或夫婦圓滿的心願。

堂內排滿了陶製的迷你陽具，一旁的小祠堂裡也密密麻麻擺滿陽具。此處地近溫泉街，應該有不少人是帶著好玩的心情奉納的，即便如此數量也太驚人了。

麻羅觀音的陽具奉納其來有自：據說戰國時代一名太守（大名）因謀反被殺害，太守的么子男扮女裝隱藏身分，不料卻被識破而遇害，部分陽具也被切下帶走，以證明其男兒身。

花兒大權現源自可憐的少女，麻羅觀音則與男扮女裝的稚子有關，儘管對象不同，卻都有年輕生命殞落；消逝的生命後來成為掌管生命誕生的神祇，重獲新生。我不禁感覺，正如生與死經常互為表裡，少女與稚子的故事正象徵著生命因死亡而誕生。

奉納物殿裡陽具林立，排得密密麻麻，顯示陽具奉納在民間信仰中占有一席之地。

29 又作魔羅、摩羅，陰莖之意。原為僧侶使用的隱語。

不論數量或種類都讓人嘆為觀止。日本雖大，但一次集合這麼多陽具的場所還真不多見。

手持琵琶的半裸弁財天彷彿被陽具包圍般坐鎮其中，應是為了告慰死於非命的花兒亡靈而設置的吧。

林立於麻羅觀音四周的陽具，材質多為金屬或石材，應該是請五金行或石匠打造的。光是想像奉納者下訂單的模樣就讓人不由得莞爾一笑。

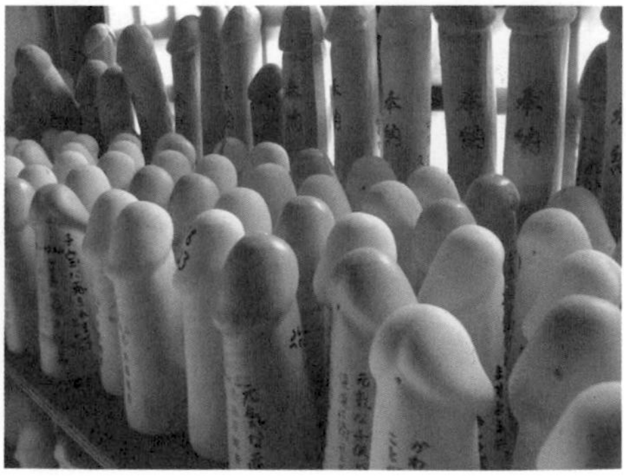

堂內的陽具皆為陶製，是近期才奉納的，較早的奉納物則依序移至隔壁祠堂。參拜者得先到附近商店購買陽具，再行奉納。幾乎所有陽具都是求子用的，不過也有一些寫著粗俗不雅的願望，不方便寫在這裡。

田間小路上交合的性器

苗束流（茨城縣行方市）

奉納性器不只用來祈願與生殖有關的事。

自古以來男性性器被視為具有消災解厄、驅除疾病、威嚇外敵的功能，與此同時，生命誕生之奧祕對農業社會的日本來說，也與五穀豐收緊密結合。

生殖與農耕好比兩兩成組的車輪，相輔相成，結合成一個大的祈願。求子是事關人類存續的大事，確保糧食無虞則是人類維持生命至關重要的議題。

這兩個祈願是人類的終極願望，隨著時間經過逐漸畫上等號。全國各地都看得到象徵著生、性與豐收的奉納習俗，其中最具代表性的儀式，應數茨城縣行方市的苗束流吧。

行方市的藏川地區是位於霞之浦與北浦間肥沃的田園地帶。每年五月底插秧作業結束後，當地人會在水田田埂上奉納以稻草編製而成、高約一公尺的男女性器。

這是御船神社的祭禮，當地的氏子[30]每年都會用稻草製作陽具和女陰。架設在田埂上的男女性器從遠處亦清晰可見，那樣子也像在公開場合性交，教人看了面紅耳赤。話雖如此，這可是祈求五穀豐收、子孫滿堂的嚴肅祭禮。

苗束顧名思義即捆綁成束的秧苗。剛才的男女性器在陰毛部位也使用了苗束，整體看來唯妙唯肖。架設性器的過程比想像中慎重：插入的角度要這樣還是那樣，諸如此類不知該說正經或不正經的熱議在田中央漸次展開。對了，現在會用竹子或繩索將性器固定住，聽說以前是可動式的，風一吹陽具就像鞦韆前後搖擺，在女陰裡進進出出。這麼大剌剌的奉納物還真是百年難得一見。

總之，經過討論和細部修整，男女性器順利結合，接著再微調輔助用的竹子的角度和位置，最後終於換來氏子們一句「這樣應該可以了唄」。

30 一地區、聚落信仰同一神祇的信徒。

巨大的男女性器出現在剛插完秧的水田中央。或許因為是稻草製成，絲毫不讓人覺得猥瑣，反而大剌剌地引人注目。

男女結合的象徵，左右分別是男女性器。女陰狀似稻草包裝的納豆。日本民俗社會中表現陽具的方式全國如出一轍，女陰則各有不同，相當有趣。

小心翼翼架設苗束的當地人。大夥兒說著「位置很怪」、「角度不對」，不斷將苗束拔起、插入、拔起、插入，略做調整，看起來相當樂在其中。最後把酒澆淋在稻草上，大功告成。

胯下紅通通的「下面的神明」

三木神社（埼玉縣鴻巣市）

我好幾次在埼玉縣縣央的鴻巣市和桶川市周邊神社看到奇妙的猿猴像。幾乎所有猿猴像都是石製的，不是蹲馬桶的姿勢就是雙腳打開呈Ｍ字形坐著，胯下部分無一例外都仔細刻有女性性器，並塗成朱紅色。這是祈求順產的咒術。

關東地方經常可以看到這類奉納的猿猴像，尤其鴻巣到桶川周邊的山王神社更是密集。山王神原本是比叡山延曆寺的守護神，與天台宗信仰關係密切，不過在這裡卻成了專司順產與求子的神社，證據就在於當地人稱山王神社為「下面的神明」。猿猴是山王信仰的祭神山王（即大山咋命）的使者，一般認為，此神猿形象與野生猿猴多產的特性在此結合，順產猿猴的信仰於焉誕生。

眾多神社中又以鴻巣市三木神社色彩特別強烈。三木神社也是山王信仰的神社，寫有順產祈願的旗幟在入口飄搖。拜殿前方有兩座全身塗滿朱砂的猿猴像。本來是為了祈求順產而在猿猴像的胯下塗朱砂，不知從何時開始，人們相信若身體哪裡不舒服，只要在猿猴像相對應的位置塗朱砂，病痛就會消除，於是猿猴像先是變成「賓頭盧尊者[31]」的模樣，到後來全身都塗滿朱砂。

拜殿旁有座名為眷屬殿的建築，往內探頭一瞧，不禁驚叫出聲。裡面堆滿了從過去至今信眾奉納的大量石製猿猴，數量有六千座以上。猿猴像有各式造型，但最普遍的果然還是雙腳打開呈Ｍ字形的雌猿。據說這些猿猴像大多是江戶中期以後奉納的。

比起現在，在醫療尚不發達、只能依賴產婆的時代，生產伴隨著更多危險，因產後恢復不良而死亡的例子更是屢見不鮮。對當時的孕婦來說，祈求順產當是攸關生死的重大願望，不單是「怕痛」才做的事。六千個重大願望的結晶一口氣撲了上來，教人如何不驚訝。

三木神社地近元荒川和忍川的匯流處。河川匯流處即河川與河川合而為一的地方，換言之是會讓人聯想到

31 釋迦牟尼佛的十六大羅漢弟子之一，身披紅色袈裟為其特色。

眷屬殿裡堆滿數量驚人的石猿。猿猴姿勢相同，但大小、形狀各異，應該是請附近的石匠打造的吧，個個造型獨特，百看不厭。

聽說只要在不舒服的部位塗上朱砂，疾病就會痊癒。這座神社是織田信長火燒比叡山時逃至此地的僧侶所創建。

夫婦交合的地形，在信仰上至關重要。順帶一提，傳說大山咋命變身為塗上丹砂的箭矢，令當時在河邊遊玩的玉依姬受孕。這則傳說來自以玉依姬為祭神的京都下鴨神社，而下鴨神社也位於河流交會處。河川匯流處就像這樣不乏與懷孕有關的傳說。

元荒川過去是荒川的主流，江戶初期為了治水變更其河道，與忍川匯流或許就發生在那個時期。真是這樣的話，時間上便與始於江戶中期的猿猴奉納吻合。塗丹砂（＝塗朱砂）、河流交會處、為大山咋命使者的猿猴，這些要素乍看之下毫不相干，其實可以歸納成一個傳說。

話雖如此，埼玉這些胯下紅通通的猿猴，竟是從京都代表性古社的優美起源而來……。猿猴奉納出乎意料是具有正統來歷（？）的習俗呢。

求子與順產祈願大爆發的空間

關脇優婆夷尊（福島縣豬苗代町）

子安觀音（福岡縣篠栗町）

說到奉納娃娃，很容易就會想到水子[32]供養或娃娃供養，其實為了求子或祈求順產而奉納娃娃也相當常見。眼前略顯昏暗的堂內排滿娃娃，乍看之下氣氛有些陰森，不過那些娃娃卻承載了求子或祈求順產的人最真切的願望。

福島縣豬苗代町的關脇優婆夷尊是保佑順產的神祇，自古以來即為當地人信仰。優婆夷尊指的就是姥神。

32 流產或墮胎的胎兒。

「橋場的阿婆」（第一章）一節也提過，會津地方相當盛行姥神信仰，而姥神多被視為保佑順產的神祇。

關脇優婆夷尊為姥神信仰的中心，一踏進狹小堂內，瞬間就為那濃密的空間所震懾。大量奉納物從天花板上垂掛而下，密密麻麻遮擋視線，看不到前方。這些奉納物並非出自一人之手，而是前仆後繼的參拜者一一添上新的奉納物，形成巨大的奉納物群，數量之多，讓人擔心天花板隨時會崩落。

在那片以紙鶴和碎布製成、狀似女兒節布偶吊飾的裝飾物中，奉納了求子用的娃娃。數量驚人的裝飾物與貼了滿牆的順產祈願旗幟構成的咒術空間，一臉天真無邪的娃娃，兩者對比強烈，讓人印象深刻。

此地長年受山上強風吹襲，以前的人要在這裡生產想必相當辛苦吧。眼前的景象雖然有些驚悚，卻是因參拜者真心誠意的祈願而有的光景，比什麼都更能說明此地環境之嚴峻。

說到奉納娃娃，我印象很深的是一座位於福岡縣篠栗町的寺院。篠栗町以仿四國八十八箇所的篠栗八十八箇所靈場聞名，町內除了有日本最大的釋迦臥像，亦可見各種各樣的信仰習俗，可說是九州首屈一指的民間信仰重鎮。篠栗町的番外靈場中有一座稱為子安觀音的寺院。

占去堂內大半空間的吊飾。除了娃娃之外，也有大量以碎布製成、狀似女兒節布偶吊飾的裝飾物，全都來自求子或祈求順產的女性。

進入建於山坡斜面的質樸小堂，大量娃娃映入眼簾。祭壇前的娃娃層層堆高，完全看不到主神觀世音本尊。與其說是詣謁觀音，更像對著娃娃合掌參拜。只有正面空間似乎不夠用，就連左右牆上也都設了架子，上面也擺滿大量娃娃。

仔細一看，娃娃幾乎都是新品，或許就像某種流行神[33]一樣是最近興起的習俗也說不定。各式娃娃齊聚一堂，讓人重新意識到日本有這麼多種類的娃娃玩偶。如此渴望獲得什麼的光景實在難得一見。奉納者「想要小孩、希望平安生下孩子、希望孩子健康長大」的強烈心情透過滿堂的娃娃傳了過來。

這類奉納習俗大抵都是因女性而起。傳統社會不同於現代，信仰方面

---

33 短時間內受到熱烈信仰的神祇，熱潮消退後很快便為人遺忘，常見於民間信仰。出現流行神現象多半與社會動盪有關。

也是男女有別。例如同樣是和生或性有關的祈願，就有男性屬性和女性屬性之分。姥神信仰與子安信仰因女性而生，也以女性為對象。而同樣是對生的信仰，祈求五穀豐收、保佑村落安全的人形道祖神或陽具信仰就帶有極強烈的男性色彩。

此外，女性屬性的信仰習俗較為感性，具備撼動觀者情感的要素，應該是因為其目的不在於整合村落、國家、家園等社會生活，而是立基於個人強烈的願望吧。有時這類信仰不但不為佛教或傳統信仰的規則所縛，反而積極開創新貌，不斷更新。

主神子安觀音被娃娃擋住，無法得見。

幾乎都是小嬰兒或小女孩的娃娃。堂內貼出告示，告知附近有模仿子安觀音的寺院，提醒大家注意。

無數Q比娃娃形成的「壓力」

栃尾又藥師堂（新潟縣魚沼市）

為求子而奉納的現象不只見於各寺社，有時也可以在溫泉地看到。

位於新潟縣山中的栃尾又溫泉自古以來便是療養泉，是溫泉愛好者都熟悉的祕泉，同時也是極負盛名的求子溫泉。

溫泉旅館旁有棵樹齡四百年的巨大杉木，人稱子寶杉。杉木樹幹一分為二，據說男女若同時從下方鑽過即可順利得子，吸引不少深受不孕所苦的夫婦造訪。聽說這項祈願儀式必須在深夜且四下無人時進行，如果被看見了願望就不會成真。

杉木旁有稱為夫婦欅的樹木，兩棵欅木連接成H字形，也是會讓人聯想到夫婦交合的樹木。夫婦欅旁邊有一座小型藥師堂。溫泉在現代被視為休閒設施，以前卻是療養用的醫療設施，因此歷史悠久的溫泉地大多供奉有醫藥之神藥師如來。不過這裡的藥師堂有一點不同：堂內滿滿都是求子者奉納的小型Q比娃娃。以前雖然也奉納紙鶴或普通娃娃，不過後來旅館開始販售Q比娃娃，現在統一都是奉納Q比娃娃。

若在一般求子的寺社，就算販賣部售有現成品，還是會有人自備娃娃前來奉納，但栃尾又藥師堂卻不見這種現象，這或許是溫泉旅館的隨性之處吧。當然，比起雜亂擺放各種各樣的娃娃，統一奉納同一種娃娃應該會給人清爽俐落的印象吧。

但是眼前這股壓力是怎麼回事？

在這裡，可以感受到想要孩子的迫切渴望形成一股強烈壓力。Q比娃

掛在虹梁下的Q比娃娃。將娃娃盡可能懸掛高處，希望藉此將願望傳達給神明的強烈心情表露無遺。

娃乍看之下天真無邪，但因個個表情相同，加上數量驚人，更凸顯了陰森詭異的氣氛，讓人看著看著寒毛都要豎起來。

即便醫學不斷進步，關於受孕與否還是會有科學無法合理解釋的部分，這類信仰或許就是用來填補科學難以說明的缺口吧。

話雖如此，據昭和時代某娛樂雜誌報導，過去有許多旅客長期在栃尾又溫泉療養，聽說晚上會到彼此的下榻處過夜（不過這充其量只是娛樂雜誌的報導）。這樣說可能有點煞風景，不過會演變成求子溫泉搞不好就是這麼來的。

在溫泉旅館販賣部購買Q比娃娃後再行奉納。袋子裡除了娃娃，還有一張用來寫下願望的紙卡。小小的袋子裡塞滿了奉納者祈求得子、順產的真切願望。

擁有傲人陽具的稻草製道祖神

鍾馗大人（新潟縣阿賀町）

東日本許多地方都有在村落交界處設置巨型稻草人偶的習俗，尤其是東北地方，其中大多是作為防止災厄或疫病入侵村落的道祖神[34]而設置。

這類「人形道祖神」有幾個特徵：首先是大小，規模大的甚至可達約四公尺高，超越道祖神這種純樸民間信仰的範疇，幾乎可用小型大佛來形容了。此外，道祖神也有各種稱呼，例如人形大人、鹿島大人、鍾馗大人、

34 即道路之神，以石碑或石像等型態為主，多設置於村落交界處或三岔路口，被視為村落的守護神，保佑子孫繁榮、五穀豐收。

仁王大人等等，其共通點在於皆為巨型人偶，也都特別凸顯陽具的存在。沒錯，這些道祖神的小弟弟大抵都相當壯觀。

為什麼會這樣呢？目的不在炫耀「像這樣體格強壯、雞雞碩大的傢伙我們村裡可是有一狗票呢」，而是藉由視覺的壓迫感嚇唬外來者。換言之，道祖神除了有防止疫病入侵的象徵意義，也是具體的防衛手段，避免惡人擅入村莊。

人形道祖神多集中於秋田縣大館市、能代市、湯澤市、橫手市、福島縣田村市和茨城縣石岡市，不過還有一個地方也可明顯看到人形道祖神，即新潟縣阿賀町。

阿賀町位於源自會津的阿賀野川流域，過去曾是會津藩領地。也就是說阿賀町雖然是新潟縣的一部分，卻位於會津地方（福島縣）的文化圈內。一般認為阿賀町屬於會津文化圈，進一步來說就是屬於東北地方的文化圈，人形道祖神的存在便是最有力證據。

目前在阿賀町有五個村落保有奉納人形道祖神的習俗，其中又以大牧和熊渡的鍾馗大人特別巨大，都是高約三公尺的稻草人偶。鍾馗大人是村子的守護神，每年都會重新製作，汰舊換新。身體部分以稻草編製而成，腰間佩木刀，只有臉部五官畫在和紙上，和東北地方的人形道祖神一樣張開雙臂，擺出一副「休想通過」的模樣。

而阿賀町的鍾馗大人最大特徵，在於個個都有與身體大小不成比例的超大陽具。陽具也是稻草製，除了嚇阻外來者，顯然也用來祈求子孫繁榮、五穀豐收；超大陽具既是嚇唬外敵的工具，也是承諾的象徵，承諾村民將為村子帶來繁盛。

這類稻草製人形道祖神雖然散見東北各地，不過一般仍以設置刻有道祖神字樣的石碑為主流。有些地區會以巨大草蛇或草鞋代替，不過石碑仍占壓倒性多數。

話說回來，為什麼要特地設置費時費工的稻草製人形道祖神呢？

我個人認為和稻草的特性有關。一般的石製道祖神只會放在村境，守護村落，至於為何要另外設置稻草製道祖神，難道不是因為稻草製道祖神是「以定期拆解、汰舊換新為前提的神祇」嗎？

阿賀町熊渡地區的鍾馗大人，位於正鬼神社境內。綁在大樹上的鍾馗大人張開雙臂，擺出「休想通過」的姿勢，防止災厄入侵。

道祖神吸收了村裡的大小災厄，將這些災厄拆解後施以驅邪儀式，藉此消災解厄，因此非得要是能拆解的稻草製道祖神才行。

鍾馗大人雖然代替村民承受了所有落到村裡的災厄，但若放著不管，災厄不會消失，因此透過一年一次的「弒神」儀式，徹底消除村裡的災厄，重生的鍾馗大人則獲得全新的力量，得以繼續守護村落。大牧地區祭祀鍾馗大人的小堂後山棄置有前一年拆解的鍾馗大人殘骸，此即證據所在。

換言之，整個東北地方都看得到的人形道祖神不僅用來防禦外敵，甚至扮演著「神明代言人」的角色，吸納村子內部的不滿不平。

我們甚至可以說，道祖神承載著村裡的因業果報，那是封閉社會裡錯綜複雜人際關係下的產物，單從「純樸的農村文化」這般了無新意的角度來看根本無法得見，而這或許才是東日本農村精神的真實樣貌。

最後筆者想補充一點：本來打算做成恫嚇敵人的可怕模樣，以結果來說卻變得相當逗趣，這也是觀賞人形道祖神的一大重點。

阿賀町大牧地區的鍾馗大人，是町裡規模最大的。鍾馗大人張開手腳，擺出可怕的表情，本來應該是要把人嚇跑的，但愈看愈覺得逗趣，讓人很難討厭。

露出巨根的土製道祖神

珍棒地藏（新潟縣長岡市）

如此大膽的造型您覺得如何？身體有一半都是陰莖的神祇，異類中的異類。這是保佑五穀豐收的神明，人稱珍棒地藏。

地點在新潟縣栃尾，現在雖已併入長岡市，不過此地與上杉謙信有所淵源，也是雁木建築[35]與油豆腐之鄉，具有豐富的歷史與文化。栃尾近郊有一座有點特別的音子神社，祭祀的是以前從土裡冒出來的地藏像。上述的珍棒地藏就在音子神社境內。

每年八月接近尾聲時，附近居民就會用紅土製作珍棒地藏，最後一個步驟是用手將表面整平，因此剛完成的珍棒地藏表面相當光滑。

珍棒是當地方言，意指陰莖，不過這陰莖的規模也太驚人，幾乎要跟身體一樣大了。說到地藏菩薩，腦海中通常會浮現菩薩在賽河原[36]拯救被小鬼欺負的孩子的畫面。或許有讀者會想，如果出現的是珍棒地藏，別說拯救了，孩子心裡恐怕會留下陰影吧……您大可不用擔心，因為珍棒地藏並非地藏菩薩。八月底珍棒地藏完成後，旁邊立了塊寫有「道祖神」的牌子。沒錯，珍棒地藏是道祖神，不是地藏菩薩。說的也是，怎麼可能有這麼猥褻的地藏菩薩嘛。

過分凸顯陰莖的表現手法，的確是人形道祖神沒錯。不過為什麼會出現擁有如此巨根的道祖神？明明是道祖神，為什麼稱之為地藏？還有，為什麼用土來製作呢？

各種疑問不斷浮現。之所以出現這些現象，恐怕與地理位置有關：栃尾位於人形道祖神文化圈的外圍地區。奉納人形道祖神的習俗盛行於東北地方。前一節也提過，出現人形道祖神的新潟縣阿賀町算是例外中的例外。要說是人形道祖神的習俗從阿賀町傳到隔了一座山、距離約五十公里遠的栃尾，實在難以想像。

我們就假設人形道祖神的文化在因緣際會之下，千里迢迢來到栃尾這片原本不存在人形道祖神的土地吧。

35 日本新潟縣等多雪地區常見的建築式樣。「雁木」是從建築物向道路延伸而出的屋頂，下方形成類似騎樓的空間，方便積雪時通行。
36 冥河「三途川」的河原。據傳先父母而逝的子女為了供養雙親在此堆石成塔，小鬼卻不斷推倒石塔，後來地藏菩薩現身，拯救了孩子。

珍棒地藏有如門神般坐鎮音子神社入口，視線前方是一大片水田，看起來也像在監視田裡的動靜。

身體有一半是性器。雖說因為是道祖神才會弄成這種造型，但不可否認做得太過火了。

想盡辦法要讓該文化在當地存續的結果，或許就讓人形道祖神產生了變化，與原貌大異其趣。

首先是名稱。栃尾從以前就存在許多可在長野等地看到、刻有夫婦形象的雙體道祖神石像。對栃尾的人來說，提到道祖神就會想到雙體道祖神石像。為了和雙體道祖神做出區隔，才會根據音子神社的由來刻意用地藏來稱呼吧。

其次是形狀。這也是我的想像：栃尾自古以來就有祭祀穗垂大神（即巨木製成的陽具）的習慣，穗垂大神也被當成道祖神祭祀。換言之，栃尾原本就有雙體道祖神和穗垂大神兩種道祖神，若說人形道祖神後來才加入，可以推測應是採用了神似穗垂大神的造型。

最後一個疑問：為什麼用土來製作？這是最大的謎團。難道不是因為用稻草編織大型人偶需要一定的技術、知識，所以選了相對簡單的土製法嗎？

其實用土來製作道祖神也不能說完全偏離原目的。人形道祖神身負淨化任務，吸收村落的災厄再加以消除，因此完成後受風吹雨打，幾個月內就能徹底溶化崩解也是很重要的，所以不使用堅固的石頭。就這層意義來看，土可說是最理想的素材，畢竟人形道祖神本身不就是地方的「土地之神」嗎？

換句話說，為了讓凸顯陽具的東北型人形道祖師在栃尾生根，在合理範圍內加入栃尾元素，形成新的道祖神，這可以說是珍棒地藏的廬山真面目吧。

珍棒地藏的外型乍看之下讓人止不住笑，不過那滑稽的形狀（或許）也是不斷嘗試錯誤的結果吧。我衷心期盼這異樣的神祇，或者說文化傳播的奇蹟，今後也能繼續下去，永不間斷。

只要幾個月的風吹雨打，珍棒地藏就會崩解，變回普通的土塊，是年年重獲新生的道祖神。

在那話兒釘上鐵釘，祈求老公別偷吃

弓削神宮（熊本縣熊本市）

源自南阿蘇並注入有明海的白川中游有一座弓削神宮，主祀性神，受到廣大信仰。神宮境內奉納了許多木製陽具，一看就是典型的陽具神社。

這些陽具想當然耳是信眾為了求子、祈求順產或五穀豐收而奉納的，其中甚至可以看到幾座近兩公尺長的「巨根」，讓人感受到信仰之虔誠以及性神信仰的力量。

話雖如此，到這裡為止弓削神宮和日本各地性神信仰的神社並沒有太大不同。值得大書特書的其實是本殿旁的小屋。小屋前方放置了一座大型陽具，如實說明這裡就是性器奉納的中心。

朝小屋內探頭一瞧，裡面堆放了大量令人不忍卒睹的奉納物。你沒看錯，高高堆起的正是密密麻麻布滿鐵釘的陽具。這是用來將外遇封印的奉納物。察覺先生可能在外面偷吃的太太來到弓削神宮，將木製陽具釘滿鐵釘後獻給神明，防止先生再度外遇。

仔細一看，奉納物裡也有四角形的木板，中央用鐵釘釘成菱形。這是仿照女性性器製作的，是先生祈求封印太太的外遇時獻上的奉納物。不論陽具或女陰全都釘滿鐵釘，讓人光是看著忍不住就想併攏膝蓋。想像某人趁另一半不在時全神貫注將大量鐵釘一根根釘入的模樣，不禁感受到人類的罪業之深。這和祈求斬惡緣的作法又不太一樣，是另一種讓人毛骨悚然的奉納物。

順帶一提，白川對岸有一座名為弓削法皇社的神社，裡面也奉納了大量的男女性器。

這兩座神社似乎一陰一陽，據傳兩者的由來都與弓削道鏡有關。

弓削道鏡是奈良時代的僧侶，登上法王高位後因進一步覬覦皇位遭到流放。有一說指道鏡受女帝孝謙天皇寵愛，兩人發展出姦情；甚至還有一說指道鏡那話兒奇大無比，是個巨根。

至於弓削神宮流傳的說法，道鏡被逐出都城後來到此地，對名叫藤子姬的女性一見傾心，兩人平靜度日。

不過話說回來，對一個被認為和女帝私通進而想登上天皇大位的人物祈求，希望藉此封印另一半的外遇，我也不知道這樣合不合理……還是說要解釋成以性制性呢？

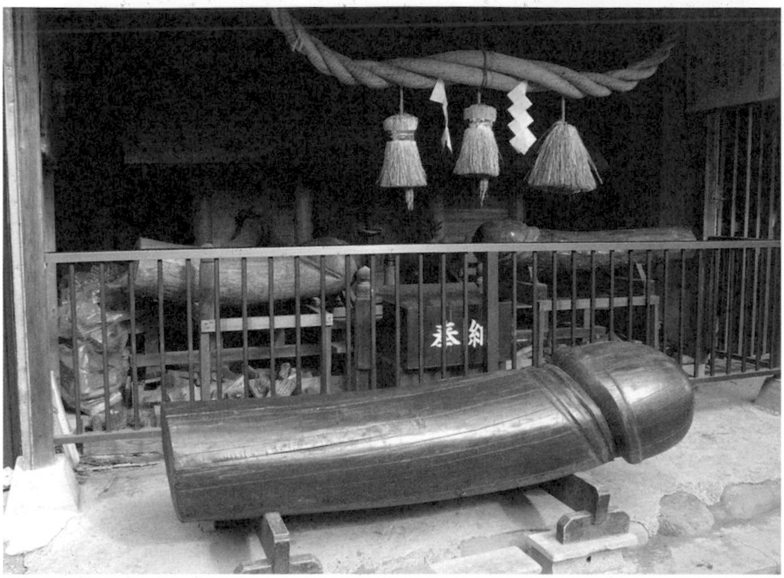

坐鎮本殿旁的「巨根」，樣子彷彿在說「跨上來吧」。

把鐵釘釘在性器上後再行奉納。光看都覺得好痛。

成堆的男女性器，數量龐大。雖然是用來封印外遇，但性器上的釘子交錯、纏繞，構成一幅異樣光景。木板上的菱形象徵女性性器，這種表現方式相當罕見。

坐鎮於房屋中脊的性器

火伏（福島縣南會津町）

有時性器奉納隱含著意想不到的祈願。福島縣南會津町的舊南鄉村有個習俗稱為「火伏」，是把木製男女性器奉納於房屋的中脊，據說主要是為了防止火災發生。

火伏的習俗現在仍持續著，聽說有些近年新蓋的建築一樣設置了男女性器。現代建築大多釘有天花板，中脊被封在裡面看不到，傳統房屋因為沒有天花板，可以看到男女性器坐鎮於中脊上。

此情此景可在奥會津博物館南鄉館館區的老房子看到。氣勢十足的男女性器掛在巨大稻草屋頂的內側。房屋的中脊有上下之分，陽具放在上座，女陰則放在下座，這和把男女神祇分別設置於村落內高處與低處的道祖神習俗有異曲同工之妙。

博物館也收藏了村裡火伏用的男女性器，剛才提及的老房子裡面的房間密密麻麻排滿男女性器，場面壯觀。架上的性器依性別分開擺放，不分種類皆為木製，全都沾上濃黑的煤灰，應該是地爐的煙燻黑的。黑亮的性器有一股難以形容的氣勢，似乎蘊藏著特別的力量。

大多數陽具長約六十公分，根部甚至細心附上氣派的睪丸，這點和其他地區的陽具奉納不同。至於女陰則取小腹到大腿中段的部分，重點部位當然也處理得唯妙唯肖。

岔個題，關於男女性器的奉納習俗，陽具外型在日本全國幾乎都一樣，相對於此，女陰的表現手法極為多樣，有像此處「火伏」忠實再現腹部周圍的作法，也有將稻草編成甜甜圈狀，或是類似稻草包裝的納豆的抽象形狀。女性性器奉納物的表現手法與其地域分布是很有意思的主題，不妨把它當成未來研究的對象，這裡我們暫且擱置不談，先回到正題。

「火伏」習俗乍看之下相當奇特，其實江戶中期就已經存在了，當時盛行的地域範圍似乎也比現在大得多。為什麼「火伏」習俗現在只在南會津部分地區才看得到呢？

南會津町前澤曲家史料館裡展示的火伏。火伏通常設在屋頂內側相當高的地方，幾乎看不到。此處為方便參觀，刻意將火伏移動到較低的位置。

奧會津博物館南鄉館收藏的火伏。男女性器排列在微暗的室内，散發出一股難以言喻的氣勢。這裡的火伏都是實際使用過的，只要有老房子拆除就會商請屋主出讓，相當貴重。

能夠想到的原因只有一個：南會津過去由幕府直接管轄。

時值江戶初期的寬永年間，保科正之當上會津藩藩主後，下令禁止藩內的陽具崇拜與道祖神信仰等迷信。於是陽具崇拜等性器信仰在會津藩內漸漸銷聲匿跡（※據載新井白石曾在福島市松川看過火伏，可見到了江戶中期，這個習俗也沒有完全消失）。

另一方面，南會津由於是通望奧州[37]的重要據點，富含地下資源與山林資源，因此雖然位於會津藩內，仍直接受幕府管轄。換言之，會津藩的命令並未及於南會津，傳統的火伏習俗才能一直傳承至今。

即使同樣的習俗存在於相鄰的地區，也會因政治或行政等理由或消滅或存續，諸如此類的例子在日本各地屢見不鮮。這應該是近世幕藩體制限制各自的民俗習慣，硬生生切斷廣域文化的歷史下的產物。

最後只剩下一個疑問：我怎麼也想不透，為什麼鎮火防災要奉納性器呢？

至今仍保存火伏習俗的南會津町前澤傳建地區。

茅草屋的山牆上經常可以看到「水」或「水神」等記號，若由此類推，山牆（即出水口）位於中脊兩端，換言之水（可以想成是小便）來自中脊，所以才會在中脊上設置性器嗎？一不小心就做出這麼煞風景的聯想了，您覺得呢？

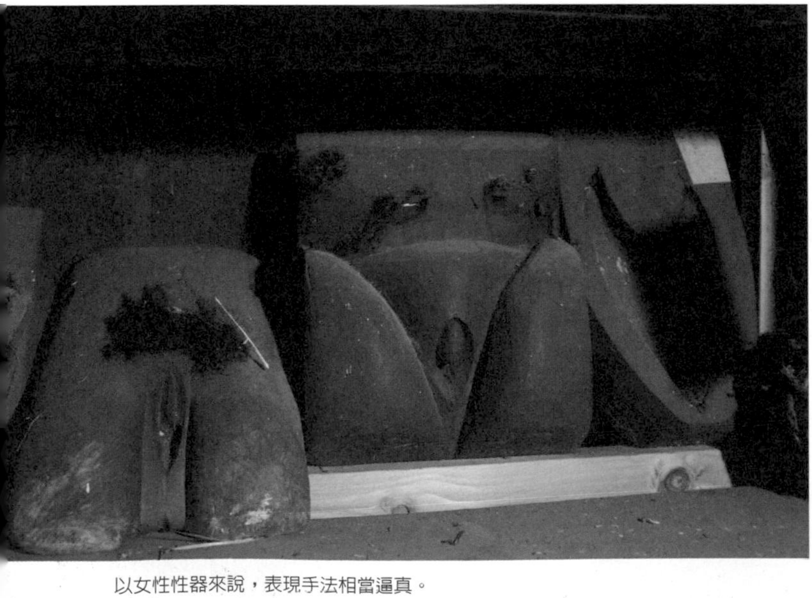

以女性性器來說，表現手法相當逼真。

37 即陸奧國，日本古代的令制國，相當於現在的福島縣、宮城縣、岩手縣、青森縣和秋田縣東北。

column 2

海上失物，神之物

失物繪馬（宮城縣、岩手縣各地）

奉納於宮城縣石卷市五十鈴神社的失物繪馬。船錨的圖畫出乎意料地多。

奠基於農耕社會的信仰是日本民俗信仰的主流，但絕非唯一。舉例來說，以捕魚或狩獵為業的人不論活動的場所或收穫的對象都與居住鄉里的農民大相逕庭。構成社會的基礎不同，所抱持的世界觀、對神祇的觀念自然也與從事農耕者不同。

漁民置身於大海這個異界，每天面對嚴苛殘酷的大自然。就某種意義來說，漁業是高風險高報酬的行業，也是運氣與直覺說了算的世界。因此迷信吉凶、畏懼禁忌的心情特別強烈，漁民的信仰世界也有其獨特之處。

我曾在宮城縣與岩手縣太平洋岸三陸地方沿海的神社看到許多不可思議的圖畫奉納物，大部分都是白紙上畫著船錨和魚鉤。這些圖畫稱為「失物繪馬」，是漁民作業不小心將釣具等物品掉落海中時奉納的繪馬。

日本各地的漁民之間流傳著各式各樣的禁忌，其中一項共同的禁忌是不能讓金屬等會發光的物體掉到海中。

有一說指海神龍神不喜歡發光的東西，才會有這項禁忌。漁民相信，如果惹龍神不高興，漁獲量會銳減。三陸地方的漁民作業時若不慎將金屬掉入海中，入港後會馬上前往當地的神社，奉納繪有失物並寫上船名的失物繪馬。換言之，此舉意味著東西並非掉落海中，而是獻給神明的，藉由這種方式平息龍神的怒氣。

舉例來說，假設作業時刀具掉入海中好了，這時就刻意解釋成把刀具獻納給神明，接著馬上到神社奉納繪有刀具圖案的圖畫。失物繪馬幾乎都是用墨水筆畫的，圖畫稚拙，卻可強烈感受到繪圖者力求正確描繪的用心。三陸各地的港口附近有許多奉納這類失物繪馬的神社，每一座都像要把牆壁覆滿似地貼上大量繪馬。除了針、刀具、船錨，繪有螺旋槳、發動機的繪馬亦散見其中。說來也真不可思議，船外發動機掉到海裡是要怎麼把船開回港口呢？總之應該是奉納了繪馬，才能順利返港吧。

正所謂「船板底下即地獄」，眼前的失物繪馬除了讓人感受到漁民信仰之虔誠，也令人不得不想像起討海生活的嚴峻。奉納有失物繪馬的神社幾乎都是位於東日本大地震時受災嚴重的地區，聽說很多神社的社殿都毀壞了。即便如此，漁夫們今後還是會繼續出海捕魚，繼續奉納失物繪馬吧。

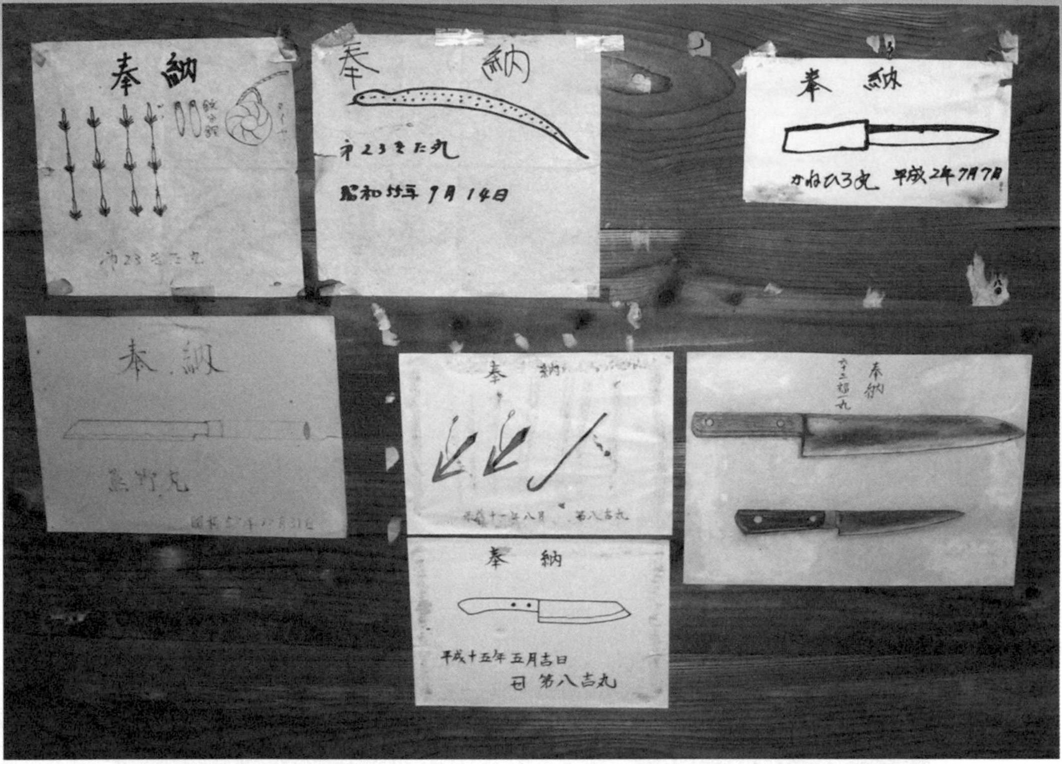

岩手縣陸前高田市金刀比羅神社的失物繪馬。逼真的菜刀令人印象深刻。

奉納繪馬的神社多位於面海的高台。聽說也有很多神社在地震時受損。

船外發動機掉到海裡還可以平安歸來？照著產品型錄畫下來的傑作。

第八章 死者供養的諸相

奉納百景

死亡，人類所面對最深刻的現象。該如何理解人的死亡？此乃古今東西各宗教共通的一大主題，反之甚至可以說探討「何謂死亡」這個命題的行為最後形成了所謂的宗教。

舉例來說，佛教因「發明」了六道輪迴，即連結生死的循環式概念，成功構築了壯大的宗教世界觀。因為有六道輪迴的概念，佛教得以設定兩大終極目標，也就是轉世到更美好的來生以及從輪迴中解脫。

日本一邊接受佛教死後世界的世界觀影響，同時也發展出各種憑弔死者、撫慰亡靈的作法，其最大特色，或可說是人活著的現世和死後的世界不見得是斷絕的，這點應該是受到中國的宗教思想所影響。換言之，死後的世界就在咫尺，距離之近教人驚訝。

舉例來說，在中國或東南亞的華僑社會裡，為方便死者在另一個世界使用手機、電腦，會焚燒以紙糊成的假手機、假電腦，作為供養死者的祭品。讓死者在那個世界使用手機？這樣的思維首先就讓人驚奇。原來已經先設定死後的世界配備了無線網路啊。

對他們來說，所謂的死亡之旅，感覺或許就像前往鄰近國家一樣。這樣的思考方式可說很有華人風格，他們不論到世界哪個角落都會建立起中國城，構築堅強的網絡。

本章將介紹日本全國與死者供養有關的各種奉納，藉此反映日本的生死觀、他界觀，預計將看到日本人對死亡獨特的理解方式，這是單純用六道輪迴的世界無法概括的。

死者聚集之山特有的追悼方式

岩船山（栃木縣栃木市）

思考死者供養一事時，我的腦海中首先浮現在栃木縣岩船山見到的光景。

岩船山自古以來便是知名的岩船石採石場，現在仍可看到採石造成的垂直岩壁與裸露的岩石表面，這般特殊風景近年也吸引電視劇《超級戰隊系列》前來拍攝爆破場景，使岩船山成為知名的拍攝地。

無數的卒塔婆憑靠在岩壁上。許多人特地從關東各地來岩船山奉納卒塔婆。隨意放置的卒塔婆彷彿三途川氾濫後漂流至此的木頭。

岩船山同時也是日本三大靈場之一。當地的人認為「人死後靈魂會往岩船山去」。日本各地都有聚集死者靈魂的山，這點之後還會詳述，而這座岩船山也是其一。

岩船山的外觀充滿野性，山頂的高勝寺境內卻散發出一股靜謐的氣氛。只是若走到本堂旁邊，眼前異樣的光景任誰看了都會目瞪口呆：無法計數的大量卒塔婆一根挨著一根，層層堆疊。

金屬製的卒塔婆收納架裡雖然收放了好幾百根卒塔婆，但那不過是一小部分。其他卒塔婆幾乎都直接憑靠在山壁上，爭相聳立的模樣讓人彷彿正在觀看礦物的結晶過程。

當地若有人過世了，遺族會到死者靈魂前往的岩船山奉納卒塔婆。岩船山信仰的範圍出乎意料地廣，不僅栃木縣，也有不少人從埼玉、群馬、茨城等地來參拜。

奉納卒塔婆的時節為死者往生後第一個彼岸[38]，擺放的位置似乎愈高愈好，看到面積有限的岩壁硬是掛上卒塔婆，或是想要掛得比別人高一點的設置方式，讓人於心不忍，淚水在眼眶打轉。

與此同時，大量石像像是隱身於卒塔婆之海般點點散布，這些石像同樣非比尋常，

境内觀音像大多被參拜者套上衣物，白襯衫上面甚至細心加了外套，前面還供奉了牛仔褲。

雖然偶爾也會看到穿T恤的水子地藏，不過穿著厚重冬衣是這裡的特徵，應該是擔心死者在彼世受寒吧。

38 春分和秋分前後七天。

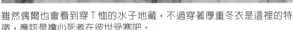

不容小覷。

石像多為觀音像，身著西服。說到幫石像穿衣服，能想到的頂多只有地藏菩薩的圍兜和帽子而已，不過這裡的觀音像有的是白襯衫加外套，有的連圍巾、帽子都上場了，相當講究。在靜謐的山裡看到身著襯衫、上衣、褲子、領帶、手套、鞋子等配備齊全的石像，還以為是真人坐在岩壁上，嚇到腳步都要站不穩了。小小的石像身上衣物多到讓人懷疑有必要做到這種程度嗎？不過這也是家屬體貼死者，不忍死者在彼世受寒的心意吧。

從大量觀音像中找出神似死者的石像後再奉納衣物，據說這是當地的作法。本堂的天花板也掛了不少衣物，應該是家屬找不到神似死者的觀音像而留下來的。

穿戴衣物的石像也好，垂掛本堂的衣物也罷，兩者都讓人想起痛失親人者的悲傷與悔恨。對局外人來說，眼前的景象只能用異樣來形容，但若岩船山真的是死者靈魂聚集之處，這光景或許再自然不過了。

極盡華麗之能事，狂野奔放的御盆節儀式

長洲的送精靈（大分縣宇佐市）

在日本，死者與生者距離最近的時期是御盆節。御盆節原本是來自佛教盂蘭盆會的傳統儀式，現在一般多被視為逝世的祖先回家的日子。中國有清明節，墨西哥有亡靈節，另外還有萬聖節等等，世界各地都可看到類似的節日，因此無法說是日本特有的儀式，不過御盆節充分展現出日本祖靈信仰之強大，這點無庸置疑。

每到御盆節時，通常會在佛壇前設置名為盆棚的棚架、掃墓、迎接祖靈，幾天後再將祖靈送回。御盆節一般給人寧靜祥和的印象，不過有個地區的御盆節卻相當不得了。

地點在大分縣宇佐市，以八幡宮的總本宮宇佐神宮所在地聞名。流經市中心的驛館川河口附近有個叫長洲的聚落，每逢「長洲的送精靈」祭典舉行時，當地人會抬著人稱「御殿燈籠」的華麗祭壇在街上遊行，是日本數一數二狂野奔放的御盆節活動。

將剛成佛的祖靈送往彼世的御殿燈籠。把御殿燈籠移到室外，整個家族拍過紀念照後，就扛著御殿燈籠繞行市街。沒想到如此豪華絢麗的御殿燈籠幾個小時後會變成那樣……

到了將祖靈送回的八月十五日，整個長洲從中午開始就騷動不安。那一年家裡有人往生的人家，也就是新盆之家會設置名為御殿燈籠的祭壇，到了這天便將祭壇從家裡的佛堂或起居室搬到外面。御殿燈籠以木框釘成，大量的寺院堂宇配合背景的假山如立體模型般層層排列，表現出極樂淨土的模樣。

過去家家戶戶似乎會撿拾樹枝、小石頭，自製富有原創性的御殿燈籠，但最近多半外包給專門的業者，因此聽說不同人家使用形狀類似的御殿燈籠的情形有增加趨勢。即便如此，看到作工精細的五重塔、東照宮陽明門、法隆寺夢殿之類的建築鱗次櫛比的模樣，讓人不由得感佩，長洲果然是蘊含著以祇園山笠為首的九州「手作文化」之地，甚至感覺對長洲的人而言，新盆與其說是迎接剛成佛的祖靈回家，製作華麗的御殿燈籠才是重點。這也是沒辦法的事，畢竟從以前似乎就流傳著「就算傾家蕩產也要端出像樣的御殿燈籠」的說法。

到了下午，各家門口的御殿燈籠底部會像神轎一樣架上竹竿，由親族扛著在鎮上遊行，那樣子簡直就像極樂淨土的模型展。御殿燈籠乍看之下長得都一樣，不過有的堂宇屋簷下裝了燈飾，有的放上風扇馬達改造的瀑布，有的則掛上死者遺照，細微處各有巧妙，百看不厭。一行人扛著華麗的御殿燈籠繞行市街，挺得意的。

一行人中有個負責吟唱的老翁，配合類似囃子的旋律，唱誦又像御詠歌又像經文的不可思議歌謠。輕快的

抵達沿海的墓地後，將御殿燈籠砸個稀巴爛，一把火燒個精光。灼熱的陽光下漸次展開的狂亂光景。黑煙從廣大墓地各處往上竄，剛成佛的祖靈乘著充滿戴奧辛的黑煙返回另一個世界。祖靈們應該覺得濃煙嗆鼻吧。

節奏、低沉混濁的嗓音、華麗的御殿燈籠、灼熱的太陽全部融為一體，整個市街籠罩在一股難以形容的律動感之中，氣氛昂揚。

唱歌的老翁領頭，炒熱微妙氣氛的一行人慢慢往沿海的墓地移動，抵達各家的墓之後在墓前卸下御殿燈籠。呼，總算告一段落了。我才剛這麼想，剛剛扛燈籠的人個個拾起棍棒，竟然開始朝御殿燈籠用力揮擊，精緻的御殿燈籠想當然耳被砸得稀巴爛。喂喂～要砸爛的話至少留一個給我啊，這念頭才冒出來沒多久，御殿燈籠就化為一堆碎片了。

接下來竟然還要放火燒。火勢一下子蔓延開來，濃濃黑煙上竄。仔細一望，墓地各處如狼煙四起，冒出濃黑的煙霧。各個新盆之家的祖靈就這樣乘著火焰，返回來時地。

送精靈儀式雖然自始至終狂放無比，但絕不是背離傳統、只求標新立異的祭典。舉例來說，超華麗的御殿是進化版的盆棚（靈棚），爆竹和煙火是盆燈籠的一種，吟唱歌謠也可視為盆舞的原型，至於豪邁過頭的點火焚燒則是送神火。

從這個角度來看，送精靈根本不是什麼奇異的祭典，每個環節無疑都是御盆節活動的一部分。只不過，這一個一個環節都飽含九州男兒的精神，結合起來才會變成一個如此與眾不同的御盆節祭典。用一句話總結就是：長洲的送精靈太讚了！

四處貼紙符的不可思議習俗

四十九堂（千葉縣東北部）

一開始純粹是偶然。開車經過千葉縣偏鄉時，我看到路邊墓地的小祠堂貼了許多細長的紙片。「那是什麼？」瞬間腦袋雖然閃過一絲疑惑，我仍驅車繼續前行，結果下一個、下下一個墓地的祠堂同樣貼了許多小紙片。不尋常的氣氛讓人不由得停下車，走上前看個清楚。紙片上寫著「奉納四十九堂」，下面則是往生者的法名。

祠堂正面密密麻麻的紙符。年代久遠的紙符會自然脫落吧，留下的痕跡清晰可見。

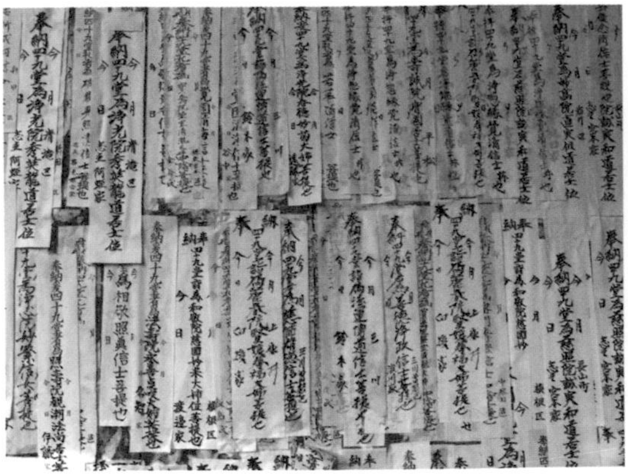

名氣響亮或規模宏大的寺院造訪者眾，總是不斷有新的紙符層層往上貼。

香取市的西音寺。參道上的六地藏也貼有紙符。

無聲法名的集合體帶來強大衝擊，令人震懾。這是什麼嘛，怪恐怖的，好像日本恐怖電影或是寺山修司電影會出現的場景。我心想，一定是這個地區流傳的咒術吧，後來就以「四十九堂」為關鍵字展開調查。

這似乎是千葉縣東北部匝瑳市、香取市、旭市一帶為死者進行追善供養、祈求冥福的儀式。聽說當地若家裡有人往生，遺族會到附近各祠堂貼上寫有往生者法名的紙符，稱為「御堂參拜」。依地區和寺院不同，作法多少有些出入，不過通常在喪禮隔天、頭七天或四十九天內，遺族會到附近的不動明王處貼紙符。紙符由寺方在喪禮結束後提供。有的祠堂貼有大量寫著同一法名的紙符，據說是家屬時間有限，於是便將紙符集中貼在一處。

至於為何是不動明王？或許是根據「十三佛信仰」而來，也就是死者往生後每七天要接受一次冥府審判，共七次，每次由不同的菩薩執行，負責初七日審判的即為不動明王。

話雖如此，在繁忙的現代光是舉行喪禮就已經夠忙了，喪禮隔天或隔週還得到非自家菩提寺[39]或墳墓的寺院、祠堂、墓地貼紙符，而且還不止一次，這樣的行為到底意義何在？

此舉當然有為往生者向地域內各不動明王打招呼的意味，同時或許也是強化遺族凝聚力的機會。我之所以這麼說，是因為這次調查時遇到好幾組進行御堂參拜的家族，每一家都和樂融融，很難想像他們才剛辦完喪禮。

「這座寺院我以前來過」、「我都不知道這附近竟然有這麼大的寺院」……看著他們像是來郊遊野餐似地大聲喧鬧，我不禁想，現代人眼中繁瑣又缺乏效率的傳統儀式，意外地也有道理無法解釋、肉眼不可得見的效果吧。

往生不久的靈魂駐足的森林

森林供養（山形縣鶴岡市）

人死後往何處去？此一宗教上的巨大命題與何謂死亡、人是否有靈魂等問題，往往是愈討論愈得不出結果。

39 家族代代歸依、埋葬祖先遺骨的寺院。

森林供養的解說牌。三森山平時不得進入，唯有這兩天會有大批人潮帶著祭品入山。山腳下搭起臨時商店，販賣鮮花、祭品。

人們帶著各自的祭品分別到山中各祠堂進行供養。山上路況絕對稱不上好，但上了年紀的參拜者卻比想像中要多，讓人吃驚。

狂暴的亡魂轉變為祥和的亡靈，死者也由故人慢慢昇華為先祖，奧羽地方[40]的葉山信仰可說最具體也最明確地展現出這個過程。

當地人相信人死後會到山裡去，而且不是一下子就往高山去，死後四十九天內會在自家附近停留，對年則移動到葉山，也就是附近的低矮山丘，再過一段時間後慢慢經過高聳群山，最後來到月山山頂，死者靈魂（故人）變成神明（先祖）。鶴岡市市郊三森山的森林供養如實體現了上述的葉山信仰。

據說這座標高一二一公尺的低矮山丘聚集了往生不久的死者亡靈。森除了森林，也有亡靈之意。整個村子裡有好幾十個地方會舉行森林供養，其中三森山的森林供養算是規模相當大的。

三森山平時不得進入，唯有在八月二十二、二十三日兩天會湧入大量人潮，這是因為遺族特地到山裡供養在此停留的靈魂，即往生不久的死者。

優婆堂、閻魔堂、大日堂、觀音堂、地藏堂、仲堂、阿彌陀堂錯落山中，在各祠堂內進行供養。遺族在堂內奉上祭品，為死者祈求冥福。死者雖已離開人間卻不會馬上走遠，我感覺這個想法源於以下的思考模式：要花時間慢慢地、階段性地沖淡親近的人死亡帶來的衝擊。

不是一下子前往遙遠的地方，而是讓死者階段性前進，緩緩地向遠方移動，藉此緩和遺族頓失所愛的傷痛。這個過程除了有讓故人昇華為先祖的社會性意涵，或許也是為了療癒遺族的悲傷而編織出來的。

懸掛於本堂天花板的死者衣物

開道供養（三重縣松阪市）

死後，將我的振袖掛在朝田的地藏。

這是元祿時代的和歌，其中朝田的地藏指的是三重縣松阪市的朝田寺，自古就有奉納死者衣物的習俗。朝田寺又稱「朝田的地藏大人」，主神地藏菩薩為平安時代所作，在日本算是相當早期的佛像。向朝田寺的地藏

40 即東北地方。

祈願，請祂為死者引路，此即開道供養。

家中若有人往生，喪禮隔天遺族會帶著死者的衣物前往朝田寺，在地藏菩薩祈願後，將帶來的衣物吊掛在本堂的天花板上。

一進入朝田寺的本堂，只見大量衣物從天花板垂掛而下，令人震撼。這些都是死者生前喜歡、常穿的衣物，稱為掛衣。掛衣不只有和服，西服的數量也不少，另外也有很多幼童的衣物。

不少掛衣綁有蝴蝶結或手帕，這是方便下

從天花板垂掛而下的死者衣物。成排的各色衣物，讓人想起東北地方的靈場。

因為天花板挑高，頭頂不會碰到垂掛而下的衣物。天花板整個釘滿掛鉤。據住持表示，這衣物的量「還不算多呢」。

次參拜時找出自己奉納的掛衣所做的記號。沒錯，數量就是這麼多。抬頭一看，天花板整面釘滿掛鉤。掛衣會在夏天地藏盆結束後集中焚燒。據住持表示，每到地藏盆前幾天，本堂的天花板簡直要被掛衣給淹沒了。

本章一開始曾以岩船山為例，討論為供養死者而奉納衣物的習俗。不論岩船山或此處的朝田寺，都是為了避免死者在彼世受寒或感到寂寞而奉納，從這樣的思維中可看到屬於日本特有的死後世界的風景，與佛教提倡的死後世界截然不同。

順帶一提，據說若死者是未婚女性就掛上新娘嫁衣。換言之開頭的和歌提及「掛上振袖」，暗示著吟唱者為未婚女性[41]。

開道供養始於何時，至今未有定論，不過建於慶安五年（一六五二）的本堂曾於安永七年（一七七八）增建。現在本堂的天花板為二重挑高格子狀天花板，或許是因為掛衣日益增加才在增建時將天花板架高吧。果真如此的話，可以推知掛衣的習俗應該是興起或者說是盛行於本堂建立後到增建這段期間。開頭的和歌也是介於慶安和安永間的元祿時期的作品。

被指定為國家指定重要文化財的地藏菩薩、人們帶來的大量衣物，乍看之下不協調的組合，卻是最有力的證據，證明就算到了現代，人們對開道供養的效果仍然深信不疑。

直上天際的卒塔婆摩天樓群

朝熊山（三重縣伊勢市）

位於三重縣伊勢市朝熊山的金剛證寺以鎮守伊勢神宮鬼門聞名。江戶後期伊勢參拜熱潮正盛，當時的歌謠是這樣唱的：「伊勢拜完拜朝熊，不去朝熊，參拜只完成一半」，前往伊勢神宮後多會順道至金剛證寺參拜。而金剛證寺所在的朝熊山也被視為人死後前往的地方。

來到金剛證寺的奧院，眼前景象規模宏大，讓人頓時啞然失語。巨大的卒塔婆一座挨著一座，連綿成排，

41 振袖為未婚女性所穿的正式和服，袖子下襬較長。

金剛證寺奧院的巨大卒塔婆群。卒塔婆一座挨著一座，不見空隙，形成一堵不斷延伸的牆，也像朝死者之地聳立的摩天樓群。

絲毫不見空隙。雖曰卒塔婆，卻非立在墓地那種板狀卒塔婆，而是氣勢十足的角柱狀卒塔婆，大一點的甚至高達七、八公尺。眾多卒塔婆緊密排列的模樣早已超越卒塔婆的範疇，形成一堵巨大的牆。打聽後得知至少有一萬座。

卒塔婆上寫有個人法名和奉納者姓名，規模較大的卒塔婆，奉納者的名字多半不止一個，表示該卒塔婆的費用是由親戚遺族共同分擔的。

說明一下此處奉納卒塔婆的流程：在朝熊山山麓的伊勢志摩地方，家裡如果有人往生，遺族會在葬禮隔天登上朝熊山。過去是徒步登山，在山上過一夜，現在一般會利用伊勢志摩天空車道開車前往。

來到金剛證寺後先到奧院訂購卒塔婆，接著在販賣部購買樒葉（供佛用的木蘭科常綠樹），回去供在墓前。這個儀式稱為「仕上」，表示一連串的葬儀活動全部告一段落。前往朝熊山參拜則稱為「山岳參拜」（「山岳」指的是朝熊山）。

部分地區並不在喪禮隔天進行山岳參拜，有的在喪禮過後幾天，有的在六月的開山忌，有的則在御盆節時。時間點雖然不盡相同，不過結束山岳參拜就表示完成整個喪葬儀式，順利將死者靈魂送到朝熊山了。

奉納的卒塔婆就這麼立著，一直到大約七回忌之後便會撤掉，因此有如參天巨柱般的卒塔婆雖然不免褪色，卻不會腐朽、倒塌。筆直伸向天空的卒塔婆群或許就像天線或高射砲一樣的存在，將聚在山上的死者之靈送上天際。

有些家屬會將與死者有關的物品帶到卒塔婆供奉（原則上是禁止的），現場可看到卒塔婆上綁有死者生前使用的拐杖、眼鏡、帽子、領帶等物品。卒塔婆再怎麼巨大，寬度頂多十幾公分，只能奉納不超過這個狹窄寬幅的物品。寬度僅僅十幾公分的卒塔婆飽含著家人的心意。連綿不絕的心意構築起卒塔婆的摩天樓群，我從中深刻感受到這個習俗的規模龐大，以及遺族對故人的思念有多麼深切。

朝熊山的山岳參拜和前面介紹的開道供養之間的關係讓我有點在意。詢問後才知道，據說以前朝熊山的奧院裡也放有死者的衣物，過去朝田寺周邊許多寺院也有掛衣的習俗，這不就表示朝田寺的開道供養與朝熊山的山岳參拜有相通之處嗎？

據說在朝田寺和朝熊山中間的伊勢市小俣町，遺族會在葬禮隔天兵分兩路，分別前往朝田寺與朝熊山參拜，此即證據所在。

諸如此類直接了當的死者供養方式可在東日本（尤其是東北地方）看到，但其他地區並不多見。如此罕見的供養習俗存在於西日本的伊勢與松阪兩個相鄰的市鎮，實在很有意思。

大靈場裡不為人知的奉納物

恐山（青森縣陸奧市）

恐山，據信是死者靈魂前往之地，同時也是以大祭的潮來降靈式聞名的靈場。這個位於青森縣下北半島中央、自蓊鬱森林圍繞的宇曾利山湖湖畔延伸而出的一大靈場，四處可見亞硫酸氣體和水蒸氣噴發，空氣中充滿硫磺異臭，呈現出讓人聯想到死後世界的景觀。恐山這地方或許正是日本人想像中死後世界的具體呈現。

恐山原是慈覺大師圓仁開山、在東國也是少數歷史悠久的靈場，不過就筆者記憶所及，一直要到一九七〇年代靈異熱潮興起時，恐山才一舉成為聞名全國的存在，「恐山＝心靈景點」的概念應該也是這個時期確定下來的。

然而，一旦試著抹去媒體炒作下形塑出的恐山形象，這個靈場會讓我們看到現時下北地方民間信仰豐富多彩的樣貌，教人驚訝。

我想以參拜者各自奉納的物品為線索，把重點放在恐山身為地方靈場的樣貌。

一說到恐山的奉納物，當然就是色彩鮮豔的風車了。風車某種意義上是恐山的象徵，進一步來說也是象徵著東北地方的死者供養之存在。

其他象徵恐山的奉納物還有巨大的卒塔婆。若只看明治、大正時代的恐山照片，會發現境內似乎僅奉納了

恐山的賽河原。地藏像聳立於寸草不生的土地上，大量風車不停旋轉，狀似寂寥。看著看著之間，竟漸漸感覺行走其中的人不屬於這個世界。

恐山雖以潮來降靈式聞名全國，在靈場深處一角可看到綁在樹枝上的手巾和草鞋，展現出恐山多彩民間信仰的一面。

靈場內稍微高起的小丘上的延命地藏尊。仔細看腳下的瓦礫堆，會發現當中混有大量小型地藏像，不可不慎。

卒塔婆，風車和草鞋等物品應該是後來才開始奉納的。

另外有幾個不常被提起但我個人頗感興趣的奉納物，想要介紹給大家。

首先是手巾。穿過亞硫酸氣體吹拂、有著黃色、黃綠色化學物水窪的賽河原後，來到恐山靈場最深處，手巾就在那裡。直到剛才都還是一片亞硫酸氣體吹拂、草木不生的世界，但亞硫酸的影響逐漸淡去，終於來到草木茂生之處，眼前看到的是大量為供養死者而奉納的手巾，全都綁在樹枝上。

手巾上寫有往生者姓名和死亡年月日，給人相當具體且個人化的印象，和剛才那個充滿噴煙、排滿石

奉納了大量門牌之處，集中放置有日本紅十字會特別會員的門牌。恐山和紅十字會的組合給人說不上來的不協調感，不過對奉納者來說，應該再平常不過吧。

就連寫有死者姓名的門牌也無法隨意處置，帶到恐山來供養。這種什麼都要供養的習慣讓人強烈感覺到東北地方死者供養的本質。

頭和風車，也就是一般印象中的恐山光景截然不同。

其次是地藏像。境內稍微高起的小丘上立了一尊延命地藏，地藏腳邊堆積著瓦礫般的小石子，仔細看才發現裡面混有大量的小型地藏菩薩像。一開始沒注意，直接就從瓦礫堆上走過，往腳邊一看才知道是約五到六公分高的小型佛像，體積之小、數量之多，不小心就踩上去了。

更不可思議的是草叢裡堆放的門牌。大概是門牌主人已經往生，於是將寫有主人名字的門牌奉納於此吧。雖然只是個門牌，但既然刻有故人之名，就和墓碑沒兩樣，必須加以供養。應該是有人這麼想才會把門牌奉納在這裡吧。

有一就有二，只要有一個人奉納門牌，就會有第二、第三個人接著奉納下去。留意到時，一座門牌堆起的小山就這麼出現在恐山一角了。

區區一個門牌也要悉心對待，這樣的精神似乎是東北地方死者供養的本質。

與死者有關的物品全部都是供養的對象，譬如故人的遺照、牌位、衣物等。

這似乎也如實反映出當地人的生死觀：人死後不會馬上前往遙遠的世界，而是先在自家附近駐足停留，隨著時間經過慢慢往遠方移動。

正因如此，必須向往生不久的故人奉上衣物，早逝的孩子就奉納風車、玩偶，踏上黃泉路的亡靈就奉以手巾或草鞋。一定是這樣沒錯。

弔念早逝幼子所催生出的風景

賽河原（新潟縣佐渡市）

佐渡島。礦山、流放地，一座帶有各種面貌的島嶼。島嶼北端有個名為「願」的村落，從村落沿著海岸走會看到小型海蝕洞，這裡自古以來被稱為賽河原，是此生與彼世的交界。

海蝕洞裡排滿了上百座大大小小的地藏像，洞穴前的海岸則堆滿石頭。據信年幼的孩子往生後會往賽河原去。孩子因思念父母而堆疊石頭，結果惡鬼出現，推倒堆好的石塔，可憐這些孩子而出手相救的聽說就是地藏菩薩。於是人們便在此處祭祀地藏尊，供養早逝的孩子。

在洞穴裡奉納地藏像的應該是失去孩子的雙親吧。與成人的死亡相較，失去那脆弱生命的悲痛想必更為沉重難受，也因為如此，痛失愛子的雙親只能把希望寄託在地藏菩薩身上，求菩薩解救孩子。地藏像腳邊奉納有給孩子的玩具和玩偶。或許是出於想放在離孩子近一點的地方的心理，洞穴最深處也奉納了許多玩偶。

從空無一人的昏暗洞穴向外眺望，眼前是鉛灰色的大海。洞穴乍看之下陰森恐怖，但在民間信仰中，尤其是與死亡有關的信仰中，這光景卻不陌生。生者的思念愈強烈，每一個奉納物所蘊含的意義就更深刻，整體形成了高密度、高質量的風景。雖是極為異樣的地景，但造成那光景的奉納習俗卻是相當純粹的情感表露。

換句話說，愈是認真膜拜、誠心祈願，原本的公共空間出現愈來愈多私人奉納物，兩者的關聯變得曖昧不明，有時私人甚至反客為主，凌駕於公共之上。不就是此番光景，讓我們感到異樣的同時卻又深受感動嗎？

大量石頭堆積在洞穴前的海岸上。眼前是日本海，再過去則是著名景點二只龜。

洞穴不深，但內部充滿濃密的死亡氣息。大量的地藏、玩偶玩具、風車、紙鶴串等物品合而為一，朝觀者步步逼近。

原本以為攀附在岩石上的大概是藤壺還是什麼的，結果是小型地藏。轉頭看向四周，周圍的岩石上也供奉了許多迷你地藏像。

column 3

供奉於冥宅的紙鈔捆和賓士車

普渡勝會（京都府宇治市）

豪宅與賓士車。為使先祖在死後的世界生活無虞，用紙糊成各種物品，奉納給先祖。

位於宇治的萬福寺是黃檗宗的總本山。

黃檗宗乃禪宗流派之一，是由一六五四年自大明帝國來到日本的隱元禪師所開創。與同為禪宗的臨濟宗、曹洞宗等鎌倉佛教的狀況不同，明朝的佛教文化直接進入鎖國的江戶時代，帶來巨大衝擊。明朝最先進的文化席捲江戶前期的日本，影響及於建築、雕刻、繪畫乃至於料理等層面。諸如東京五百羅漢寺的羅漢堂、榮螺堂、岐阜大佛所在的正法寺等，江戶時代珍奇的寺院多為黃檗宗寺院，這點絕非偶然。

隱元禪師於一六六一年建立萬福寺，採用與明朝完全相同的佛像與建築式樣，境內像是把當時的中國原封不動搬過來一樣，正如俳句「步出山門，聽見採茶歌，原來在日本」所吟詠，置身其中讓人忘了自己身在日本。

如此充滿中國情調的萬福寺境內舉行的「普渡勝會」儀式，讓人得如實一窺中國的死者供養與生死觀。

普渡勝會又名「中國盆」，在萬福寺與神戶、長崎的中華街舉行。三地的普渡勝會都會供奉「金山銀山」，也就是象徵金銀財寶的物品，最後點火焚燒，將金山銀山送往另一個世界。不過在萬福寺，祭品可不只有金山銀山。

首先映入眼簾的是在本堂大雄寶殿前一字排開的大紅色住家模型。這個紅色建築模型稱為「冥宅」，是遺族為確保死者在另一個世界食衣住無虞而奉納的。

冥宅裡除了水果、點心，還供奉了紙糊的汽車、電視，而且車子是賓士車，電視是SONY牌，連品牌都很講究，從這種小地方可一窺華人精神。當然，冥間用的冥紙也是一捆一捆沉甸甸堆得老高。

這類冥宅和冥紙在日本只有萬福寺等處看得到，但在中國或東南亞的中華圈卻相當常見。豪宅不用說一定有，其他像汽車、遊艇等大型供品，或是食物、酒、襯衫等細瑣的日用品全用紙糊成，準備燒給另一個世界的親人。最近甚至連電腦和手機都出現了。

大雄寶殿前一字排開的冥宅，清一色使用以紅色為基調的鮮豔色彩。

兩層樓的豪華冥宅，二樓放置了大型液晶電視，品牌是 SONY ！

在華人觀念裡，死後的世界徹頭徹尾貼近現世。冥間用的紙鈔一捆捆堆疊如山，甚至連冥宅的契約書都有。

華人對死後世界的想像極為寫實，在日本人看來，某種意義上來說頗為驚奇。

日本人對死後世界的想像多半介於虛幻與真實之間，朦朧未定，華人卻像要出國旅行般帶上鈔票、手機，乘賓士車而去，不免讓人把重點都放在世俗面，或者說物質層面上，但從華人的隱宅（墳墓）風水等觀念來看，對先祖是否善盡供養之責將直接影響到後代子孫的榮枯盛衰，這麼一想，這些小地方當然不能隨便了。

不經意往冥宅旁邊一看，上面甚至貼了冥宅契約書。死後依舊過著開高級車趴趴走、亮出鈔票展現財力、簽訂住宅契約的生活，看來「有錢能使鬼推磨」這話說得還真貼切。

第七章

對於彼世的想像力

奉納百景

前一章介紹了與死亡有關的奉納習俗各個面向，本章將進一步聚焦死後世界，思考日本人對於死後世界的想像。

不用說，死亡當然是生命結束後的事情，不過死亡並不單指人類生理機能停止的狀態。藉由創造出死後的世界，將死升格為與生成對的概念。想像死後世界的模樣，透過這種方式讓死從絕望轉變為希望，試圖藉此克服對死亡的恐懼。

在佛教的觀念裡，人死後會進入天道、人間道、修羅道、畜生道、餓鬼道、地獄道這六道其中一道，而在佛教教誨中，最大目的便是從六道輪迴中解脫，但這樣的觀念在日本似乎從以前就沒能徹底深植人心。

誠如前一章所介紹，在日本，靈魂漂泊於自家附近或鄰近山中等黃泉地的印象更為人所接受，東北地方尤其如此。或許早在佛教正式傳入前，山中他界[42]的生死觀就已在東北地方生根，因此當地才會留有色彩強烈、與佛教不相容的死後世界觀。

畫出「理想的死後世界」再行奉納

供養繪額（岩手縣遠野市）

岩手縣遠野市，無庸贅言乃民俗學聖地。此地充滿養蠶神、河童淵、蓮台野等豐富多彩的傳說，關於死者供養也流傳著特別的習俗。

造訪遠野市內古老寺院的本堂，有時會看到堂內裝飾著奇妙的繪畫。大部分畫的是幾個人在室內吃喝的樣子，也有讀書或是和孩子玩耍的圖畫。不論哪一種都可看到華麗和服、豪華飲食、高級日用品，描繪出富足愉快的生活情景。

這些繪畫稱為「供養繪額」，描繪往生者在另一個世界的生活樣貌，畫中人物據說反映出故人生前的容姿、嗜好或性格。

繪額大多五十至七十公分高，寬度約七十到一百公分，幾乎都是直接畫在木板上，狀況依保存狀態和使用

42 人死後靈魂往山中而去。

遠野市小友的西來院。本堂的欄間掛有許多供養繪額，且大多保存良好，可謂供養繪額的寶庫。

紫波町極樂寺的供養繪額。此處的繪額與遠野市不同，清一色是地藏或菩薩來迎圖。遠野市以外的繪額幾乎都是這類來迎圖，更凸顯出遠野供養繪額的特殊。

的顏料而不同，但多為色彩鮮豔的繪畫。此外，圖畫內容多是室內光景，畫面右側是壁龕，左側是外廊，中後方是繪有圖案的拉門，人物則在前方，這是基本配置。

繪額乍看之下華麗而愉悅，卻是供養死者的物品，證據就在畫中用來裝飾壁龕的掛軸，上面幾無例外寫有故人法名，此法名是欣賞繪額的一大重點。

舉例來說，假設有一幅繪額畫的是夫婦和小孩團圓的景象，很容易就會以為這是用來供養親子三人的繪額，但若掛軸上只寫出成人男女的法名，便可判斷這是供養年輕夫婦用的繪額。換言之，可推測這是想像膝下無子的夫婦在另一個世界生下孩子、和樂融融的畫面後另外畫上小孩，表現出「虛構的一家團圓」的繪額。

同樣題材的繪額，若掛軸上只寫了小孩的法名，反過來可理解成另外畫上雙親，讓孩子在另一個世界不會寂寞。如果不去判別繪額的供養對象，很容易就會產生誤解。

至於供養繪額上的圖畫，我從遠野某寺院的住持那兒聽說過一些事，印象很深。據住持表示，供養繪額的內容也有地域之別，住在遠野中心部的商人等相對富裕階層所奉納的繪額，畫的內容大多和生前的生活差不多，譬如在另一個世界照樣做生意、彈奏喜歡的三味線等等。

另一方面，郊外寺院的供養繪額多來自貧窮農家，因此據說傾向描繪故人生前從未體驗過的豪華生活。這反映出遺族令人鼻酸的心願，希望故人至少在另一個世界能穿暖吃飽、安穩度日。

也就是說，同樣是飲食或讀書等題材的繪畫，內容卻大致區分為二：生前生活延伸而來的世界，或生前無法實現的理想世界。這出乎意料卻也如實反映出貧富差距有如天堂與地獄之別，不僅是在遠野，也是奉納該繪額的時代整體的寫照。

奉納供養繪額的奉納習俗始於何時、何地呢？據說是從幕末開始，明治時代來到巔峰，進入大正時代後數量漸減，還沒到昭和時代便已告終。奉納地域則限於岩手縣內北上川以東的區域，在盛岡市南部、紫波町、北上市、花卷市等地相當常見，但以數量來說遠野市占壓倒性多數。

此外，遠野市以外的供養繪額畫的並非死後的世界，而是阿彌陀三尊或地藏菩薩來迎圖，換言之，佛教和

接受女兒斟酒的男子。壁龕裡掛軸上的法名寫著信士、童女、童子，可知描繪的是親子三人於彼世安穩度日的情景。

這幅繪額寫的是大姊，換言之只有女性的法名，表示圖中兩名孩童為虛構人物。此為該女子在彼世與孩子一起生活的想像圖。

掛軸上寫有分別於明治三十八年和四十三年去世的男性法名。從長相來看應為父子？背景部分繪有馬匹。在遠野，馬是富裕的象徵。

豪華的飲食與日用品。將故人死後的理想樣貌繪成圖後再行奉納，這個習俗充滿生者真切的願望，希望故人於彼世安適度日。

淨土信仰的題材占絕大多數。也就是說，遠野的供養繪額和其他地域的供養繪額代表的意義不同，可說自有其特殊背景，兩者天差地別。

說起來包括遠野市以外的繪額在內，描繪死者姿態的繪額源自何處呢？

有一說指來自歌舞伎演員的死繪。幕末時，廣受歡迎的歌舞伎演員一旦過世，會為其繪製寫有法名、死亡年月日、辭世詩句的浮世繪，繪額可能是受此影響而來。

此外，遠野本來就有奉納並供養形似故人人偶的習俗，市內的西來院至今仍保存著享保和安政年間奉納的人偶，這應該是供養繪額出現前流行的奉納習俗。可以想見應該是死繪與人偶供養等習俗融合，從中誕生出供養繪額的習俗。

新登場的供養繪額作為將死者送往理想的死後世界的祈願裝置大行其道，除此之外應該也具備緬懷的功用，讓人因法事或祭拜儀式造訪菩提寺時得以緬懷故人。

此外，供養繪額中描繪的各種日用品也反映出時代的樣貌，例如常出現在繪額的時鐘。八角形時鐘、無鐘擺時鐘、溫度計等屬於當時時代尖端的機器紛紛入畫。姑且不論遠野是否真有這些東西，光是將流行最前線納入畫作，就足以看出繪師的野心，感覺與華人試圖將智慧型手機送往另一個世界的思維有相通之處。

說到繪師，遠野的供養繪額大多有作者落款，其中尤以繪師外川仕侯的落款占壓倒性多數。仕侯是幕末武士，可能在進入江戶之際接觸到歌舞伎演員的死繪。明治以後，仕侯全力繪製供養繪額，據說遠野現存的供養繪額有三分之一出自仕侯之手。仕侯身為繪師的經歷不明，但光看繪額中畫在拉門上的梅花、雞等圖案，便可知道其手藝相當了得。有一說指仕侯因收費低廉大受歡迎。繪師仕侯的存在可說大大提高了遠野供養繪額的存在感。

話說回來，興起一大風潮的供養繪額為何突然銷聲匿跡呢？

只要到現在遠野的寺院本堂抬頭一看，答案一目了然。本堂內懸掛了大量遺照。在遠野，幾乎所有寺院都有將喪禮用的遺照帶到菩提寺裝飾的習慣。聽說近來大部分的寺院已經不接受遺照了，但還是看得到相當數量

長泉寺。以前就像這樣掛滿遺照和供養繪額，現在幾乎都收起來了。

的遺照密密麻麻懸掛在本堂的欄間上。

從大正時代開始，繪製故人肖像畫的風潮席捲全國，例如有名的前衛藝術畫家萬鐵五郎在大正時代為了維持生計，曾在故鄉岩手縣東和町（現花卷市）受託繪製大量的死者肖像畫。東和町位於遠野市西邊，也是擁有許多供養繪額的地區，不過到了大正時代繪製肖像畫漸漸成為常態。肖像畫之後攝影技術普及，遺照一舉成為主流。換句話說，供養繪額被肖像畫取代，肖像畫又被遺照取代。

現在遺照數量占多數，但穿插其中的供養繪額存在感強烈，在略顯昏暗的寺院本堂以鮮豔色彩為我們描繪另一個世界的樣貌。那裡既沒有地獄也無天堂，吃美味的食物、做想做的事，就是這般理想的世界，所以不用害怕死亡——彷彿可以聽到一個聲音如此說道。

平成十三年（二〇〇一）於遠野市立博物館舉行了特別展，供養繪額的習俗因此受到矚目，但同時卻也有許多寺院不再於本堂裝飾繪額。前陣子我為了確認供養繪額的奉納狀況去了一趟遠野，發現卸下繪額另行保存的寺院增加了不少。之所以這麼做，主要與東日本大地震後本堂的修繕和改建有關。不過也有部分寺院在新蓋好的本堂重新掛上供養繪額。有人試圖積極保存這個遠野特有的習俗，我覺得實在是很棒的事。真不愧民俗學重鎮。

為往生子女奉納冥婚繪卷

穆卡薩利繪馬（山形縣村山地方）

思考日本人如何看待死後的世界時，不能漏掉死後的婚禮這項習俗。聽起來或許有點陌生，不過這在中國、東南亞、朝鮮半島、沖繩和日本東北地方都看得到，是遺族為早逝的死者舉行婚禮的習俗。

據說中國早在紀元前的周朝時代便有這項習俗，在宋代則大為盛行。結婚的方法各種各樣，例如在現代台灣聽說會將裝有死者頭髮的紅包放在路邊，如果有人撿起紅包，就讓那人和死者結婚。一樣會舉行婚禮，兩邊的家人也會往來。

此外，在中國某地據說會將已經下葬的遺體挖出來，讓遺體和死者舉行婚禮。因此諸如盜墓偷走遺體、殺害活人令其與死者結婚等悲慘事件時有所聞。聽起來或許有些難以置信，不過這不是什麼古早的事，是幾年前才發生的事件。

把焦點轉回日本。要說有什麼近似於這類冥婚的習俗，我腦中浮現的是山形縣的穆卡薩利繪馬。雖然不清楚穆卡薩利繪馬與中國的冥婚是否有直接關係，不過就死者結婚這一點來看，兩者確實是相通的。

位於山形縣中央的村山地方。奉納於此地寺院的繪額描繪的是婚禮場景，稱為穆卡薩利繪馬，以最上三十三觀音的札所寺院為中心廣為分布。

「穆卡薩利」在當地方言指婚禮。對於年紀輕輕未婚往生的死者，做父母的不忍孩子孤單一人，於是奉納繪有孩子在另一個世界舉行虛構婚禮的情景圖。

略顯昏暗的堂內，牆壁、欄間、天花板掛滿大量色彩鮮豔的婚禮風景，看著看著讓人逐漸難受起來。死者在另一個世界結婚的光景固然教人吃驚，與此同時，死者雙親因痛失子女不得不繪製如此背離現實的圖畫，那份沉重心情也強烈地傳了過來，讓人心痛不已。

大部分穆卡薩利繪馬是請專門的繪師繪製，不過引人注目的反而是外行人的畫作。為了孩子在彼世的幸福，就算技巧拙劣也要執起拿不慣的畫筆，畫下婚禮情景。看著那畫作，我心想技巧確實有待加強，不對，正因

最上三十三觀音第十九號札所黑鳥觀音。堂內貼滿數量驚人的巡禮札。穆卡薩利繪馬就奉納在這樣的空間裡。

第二十號札所小松澤觀音。和黑鳥觀音一樣，牆壁與門扉貼滿大量的巡禮札。穆卡薩利繪馬懸掛在巡禮者手搆不到的高處，畫風多變，可知此地並沒有特定的繪師。

為畫得不好，比任何名畫更能在內心產生迴響，有這樣的感覺。我認為這是日本民間藝術史上最悲傷，卻也最有力量的繪畫。

穆卡薩利繪馬的歷史要上溯到明治時代，基本構圖多是列席者圍坐成一圈，舉行婚禮。

畫面中央是新郎、新娘和雙方媒人共四人，有時也會畫出雙方家長或兄弟姊妹。另外還有在三三九度[43]儀式中負責斟酒的小孩，有的男女一組，有的只有女童一人。後方背景則有壁龕或拉門，畫中充滿松竹梅或蓬萊島等象徵吉祥的圖案。

聽說過去這個地方舉行婚禮時，會在當事者家中連辦三天三夜，盛大無比。穆卡薩利繪馬就是要表現出婚禮的樣子，才會畫得那樣熱鬧吧，我如此想。然而實際踏入堂內，親眼看到繪馬後，只能說華麗有餘，卻絲毫不覺熱鬧，反而被一股冷冽的靜寂感所包圍。

此外，也有很多穆卡薩利繪馬以微妙的淺色調繪成，畫面中所有人物像是要往某處消失般，虛幻飄渺，散發出與一般婚禮截然不同的氣氛。畢竟是死者的婚禮，會有這種感覺也是理所當然，不過這也再度讓人陷入無以復加的悲傷情緒中。

順帶一提，聽說繪製穆卡薩利繪馬時，結婚對象

43 日式婚禮的儀式之一。準備三只酒杯，每個杯子斟酒三次，由新郎、新娘交替喝下。又稱為「三獻之儀」。

也有幾幅看來像是奉納者自己繪製的穆卡薩利繪馬。雖然畫得不好，但為了祈求愛子在彼世的幸福而畫下的繪馬悲傷卻充滿力量。我希望這一點在美術的脈絡下能更受到矚目。

非得是虛構人物才行。就算死者生前有交往的對象，也不能將對方的姓名寫在繪馬上，這一點和中國的冥婚習俗有著決定性差異。再怎麼說都只是虛構的婚禮，並不要求具體畫出結婚對象或媒人。或許正因如此，穆卡薩利繪馬多是虛幻的圖畫，缺乏現實感。

關於穆卡薩利繪馬的習俗，最讓人驚訝的是現在還持續著。不對，應該說這幾年由於電視等媒體的介紹，穆卡薩利繪馬的奉納數量多了很多。原本只是在村山地方低調進行的習俗，聽說現在有人專程從全國各地來到山形，就是為了替往生子女舉辦婚禮。

與此同時，以前的繪馬多繪有傳統婚禮的風景，近年配合時代需求，仿婚禮照片的無背景雙人畫愈來愈多，最近甚至出現了將早逝幼子的照片和婚禮手冊上的新娘照片合成的繪馬，穆卡薩利繪馬的表現形式漸趨多樣化。只不過，不論形式如何變化，往生子女的婚禮這個部分卻絲毫沒有動搖。

話雖如此，堂內不只奉納了穆卡薩利繪馬，還有大量遺照、巡禮紙符、參詣圖等等，穆卡薩利繪馬不過是這一大群混沌奉納物其中之一。尤其最上三十三觀音的第十九號札所黑鳥觀音（山形縣東根市）和第二十號札所小松澤觀音（山形縣村山市），堂內呈現

本該是華麗色彩，淺色調的繪馬讓人感覺畫中人物就要消失在某處。

進入平成後奉納的穆卡薩利繪馬。諸如此類異於傳統圖案的繪馬近年愈來愈多。

這類合成照片也出現了。新娘的照片應該是取自婚禮手冊。穆卡薩利繪馬因為是現在進行中的習俗，才可能像這樣配合時代需求逐漸進化。

異常密集的狀態。門扉也好，牆壁也罷，所有空間都被巡禮紙符、繪馬、遺照填滿，構成一個強烈的空間，就連以無比震撼力自豪的穆卡薩利繪馬都相形失色，臣服於其他奉納物的氣勢之下。

有趣的是，這光景並非出自一人之手。奉納者一心不過是為了自己與家人的幸福而奉納紙符、繪馬，對此寺院予以認可，只是這樣而已，沒想到結果卻出現了眼前這誰都沒見過的濃密空間。換個角度說，這個空間不帶有任何成見，是信仰最原本、最真實的姿態。

奉納人偶，舉行死後的虛構婚禮

婚禮人偶（青森縣五所川原市、津輕市）

五所川原市金木以太宰治出生地聞名，市街北側的蘆野湖畔有個靈場，名為川倉賽河原地藏尊。津輕的人認為這是死者前往之處，是津輕地方死者供養的聖地。

一踏入本堂地藏堂，空氣中即瀰漫著濃密的死亡氣息。牆上掛著許多遺照、大量和服和西服、手巾，腳邊則有鞋子、草鞋高高堆起。最讓人吃驚的，是整齊排在女兒節娃娃飾架上、臉部塗白、身裹和服的大量地藏尊。地藏像形狀不一，身上衣物也不同，各種色彩混雜交錯，彷彿隨時要引起漫反射現象。地藏像的濃密程度非恐山能及，連毫無靈異體質的筆者都覺得身體沉重無比，快要被擊垮。會有這種感覺，應該是寄託在奉納物上的「念」的質量所引起。

這些數量龐大的地藏來自個人奉納。此地有個習俗：若孩子往生了，要奉納一尊地藏作為供養。奉納者將地藏看成自己的孩子，哀悼其死亡，懷想生前模樣。為了在重要祭典時一眼就認出「自己的孩子」，還特地為地藏上妝，並穿戴華麗的帽子、衣物。

靈場並沒有鼓勵這類奉納行為，據說是過去存在於津輕各地的潮來或卡米薩麻等擁有靈力的人建議的。現在因這類靈能者人數銳減（尤其是潮來），奉納似乎多是個人自發的行為。

川倉賽河原地藏尊地藏堂。堂內滿是地藏與和服，數量驚人。

說了這麼多，接下來才要進入正題。川倉地藏尊的地藏堂旁有個名為人形堂的建築。踏入人形堂瞬間，我幾乎要喘不過氣來。裡面就像人偶批發商的倉庫，只見收納在玻璃箱的大量人偶一字排開，連綿不絕。陳列架不斷向內部延伸，甚至給人一種永無止境延續下去的錯覺。

收納在玻璃箱裡的是身著婚禮服裝的日本人偶。沒錯，相對於山形穆卡薩利繪馬的二次元婚禮，這裡是用人偶為死者舉行婚禮。換言之，奉納的是用來祈求未婚往生的年輕男女或小孩在彼世得以順利結婚的婚禮人偶。

婚禮人偶基本上都是打扮成新郎、新娘的樣子，站在一起。雙方都穿和服，新郎著紋付袴，新娘則是白無垢或色打掛再搭配角隱[44]。玻璃箱外貼有寫著新郎新娘姓名、死亡年月日、奉納者姓名的紙張。不用說，新郎或新娘其中一方的姓名是虛構的，但因為不像穆卡薩利繪馬會寫上法名，很難判斷哪一個是死者，哪一個是虛構的配偶。箱子裡除了人偶，也常擺上玩具、點心、死者照片或生前喜歡的嗜好品，只能從這些東西來判斷。

是因為故人喜歡才擺上罐裝咖啡或香菸嗎？還是做父母的用心良苦，猜想孩子長大後會開始學著品酒、抽菸呢？有的也放上了小型Q比娃娃，不曉得是不是虛構的夫婦所生的虛構小孩。

人形堂有如倉庫般明亮，人偶排得整整齊齊，與剛才地藏堂略顯昏暗、呈壓縮狀態的空間形成強烈對比。即便如此，空氣中仍飄散著一股濃密的死亡氣息，這一點與地藏堂並無二致。我果然漸漸感到胸口沉重，快要喘不過氣。不對，或許該說正因為這是感覺不到生命力的冰冷空間，隱含在奉納物中的「念」才會直接傳遞過來。

這個習俗讓我印象深刻的一點，是死者的時間與現世一樣持續進行著。諸如遠野的供養繪額雖然具體描繪出死者於彼世的幸福生活，但繪額裡的時間永遠處於停止狀態。山形的穆卡薩利繪馬或此處的人偶婚禮則不同，死者就算去到另一個世界，也會長大成人、會成家立業，（至少對遺族而言）是在這樣的前提下成立的。換言之，孩子雖然往生了，仍像活在平行時空般繼續在某處生活，時間也跟現世一樣流逝。

就算佛教大力提倡輪迴說，孩子投胎轉世、與身為父母的自己緣分已盡的想法還是讓人難以接受，於是人們轉而相信曖昧不明的死後世界，而非轉世之說。不，是不得不如此相信。

青森縣好幾個地方都有人偶婚禮的習俗，其中津輕市的弘法寺從以前就一直持續到現在。據說弘法寺從昭

44 紋付袴、白無垢、色打掛皆為日式婚禮和服。紋付袴為新郎服；白無垢和色打掛為新娘服，前者表裡內外皆為純白色，後者則色彩豔麗、綴滿刺繡。角隱則是新娘頭上的白色帽狀物。

川倉賽河原地藏尊人形堂。有如倉庫貨架的架子上，婚禮人偶一字排開，連綿不絕。

幾乎無人造訪的堂內每天重複著無聲的婚禮。

弘法寺。聽說失去幼子的雙親會定期來奉納Q比娃娃。
Q比娃娃應該是孩子的玩伴，不是結婚對象吧。

摩托車與身穿白無垢的新娘，超現實組合。供養的對象應該是年輕男性吧。

和三十年代開始接受死後婚禮的人偶奉納。一開始是戰死沙場者的遺族帶來的，那時還沒有婚禮人偶，使用的是青森當地的角卷人偶。進入昭和四十年代後半後，婚禮人偶的奉納也傳了進來。當時建議遺族奉納人偶的主要並非寺院，而是潮來和卡米薩麻等民間巫師。於是能為死者獻上祝福的弘法寺便受到附近民眾的信仰。

順帶一提，在這座弘法寺裡，經濟不寬裕、無法奉納人偶的人可用繪額代替。畫有新郎新娘的繪額和「穆卡薩利繪馬」極為相似。這裡最早的繪額據說是昭和十二年（一九三七）奉納的，換言之先有繪額奉納才有人偶奉納，而繪額或許在某處受到穆卡薩利繪馬的影響也說不定。

進一步來看，靖國神社的遊就館裡展示了好幾個新娘人偶，是遺族為戰死沙場的未婚士兵奉納的。由此可知，人偶婚禮的習俗不只青森縣，可能在全國各地廣為流傳。關於人偶婚禮的由來，至今仍有諸多謎團。

弘法寺的人偶婚禮熱潮於昭和五十五年（一九八〇）左右來到川倉賽河原地藏尊。這裡本來就是津輕地藏信仰的中心，一旦熱潮興起，婚禮人偶的奉納便持續增加，到了昭和六十三年（一九八八）還蓋了專門收納人偶的人形堂。

然而人偶還是不斷增加，平成二年（一九九〇）只好另外增建，直到現在的規模。弘法寺與川倉賽河原地藏，兩座寺院裡分別有上千座的人偶，接下來的每一天都在寂靜的堂內舉行無聲的婚禮。

光是看著就讓人內心動搖的婚禮人偶奉納，除了療癒為人父母失去孩子的悲傷，這個習俗還有其他目的：讓未婚往生者得升格為祖靈。

在日本傳統的家庭觀、生死觀中，死者，也就是所謂的佛，大致分三類：一是該家族代代先祖的祖靈，一是往生幾年內的新佛，最後則是

一開始沒有婚禮人偶，使用的是當地的角卷人偶或日本人偶。

無緣佛。

無緣佛指的雖然是橫死路邊或漂浮水面的屍體，但未婚或沒有子嗣即往生者、早逝的幼兒也在無緣佛之列。換言之，只有結婚生子的人，死後才有資格成為祖靈。

這種思維在現代來看當然荒謬至極，不過至少過去的日本社會確實如此，且這樣的想法有相當大一部分現在仍殘留著。現狀如此，也只能這樣理解吧，姑且不論是好是壞。

總之，未婚便往生的人不會成為祖靈，無法被奉為先祖，在家祭拜，所以才需要死後的婚禮。虛擬的也沒關係，要讓未婚往生的年輕男女或幼兒看起來像在另一個世界結婚，甚至生子，進而得以升格成為獨當一面的祖靈。換言之，奉納婚禮人偶的習俗就社會制度面來看可說有其必要。

在家庭制度逐漸分崩離析的現代，有了孩子才算獨當一面的想法早已式微，而且崇拜祖靈的觀念也已變得搖搖欲墜了。

在這樣的時代背景下，婚禮人偶的數量於平成十四年（二〇〇二）來到最高點後便呈現下降趨勢。這也是因為時代改變，讓未婚往生者升格為祖靈這件事失去了意義吧。

話雖如此，我也不認為奉納婚禮人偶的習俗會輕易消失，因為撐起這項習俗的是痛失子女的父母，而奉納婚禮人偶作為療癒喪子之痛的工具，發揮了百分之兩百的功能。這是以供養為名、撫慰痛失子女者的解方。

到弘法寺奉納人偶的清一色是津輕地方的人。相對於此，川倉賽河原地藏尊則有外地人不遠千里來奉納。

第八章 飛越文字地平線

到目前為止，我們介紹了人類以象徵的「物品（咒物）」為祈願媒介，將願望傳達給神佛的方法。其實除了透過物品，也有將願望直接化成文字的作法。

不用說，文字是人類才有的文化，用文字來表現的意義也限定在人類的思考框架內。

不過，日本人清楚知道文字和語言本身擁有神祕的魔力，這點在言靈（棲宿在語言文字中的靈力）信仰中也可看到。這一章，我們將一步步深入文字媒介串起的人神關係。

被大量「許願紙」淹沒的祠堂

高塚愛宕地藏尊（大分縣日田市）

九州北部人口中的「高塚桑」高塚愛宕地藏尊是一座廣為人知的古寺，留有與奈良時代的回國僧行基有關的傳說，現在以成就諸願聞名，參拜者絡繹不絕。據說針對考試合格、疾病治癒、求子等祈願特別靈驗。

穿過參道兩旁熱鬧的商店街進入境內，拾級而上，便看到拜殿迎面而來。此處為神佛習合的寺院，因此本堂和神社一樣分為拜殿與本殿。

拜殿密密麻麻覆滿紙張，數量多得嚇人。那是什麼？我感到納悶，湊近一看，上面全寫滿了願望。這些紙張稱為「許願紙」，也就是參拜者寫上願望後奉納給神明的紙張。許願紙有兩種：一是寺方發送的許願紙，一是參拜者寫好後帶來奉納的許願紙。前者數量較多，但要說哪個比較有看頭，後者絕對勝出。

密密麻麻貼了滿牆的「許願紙」。大部分是寺方發送的紙張，不過自己在家寫好帶來奉納的紙張給人感覺比較嚴肅認真。

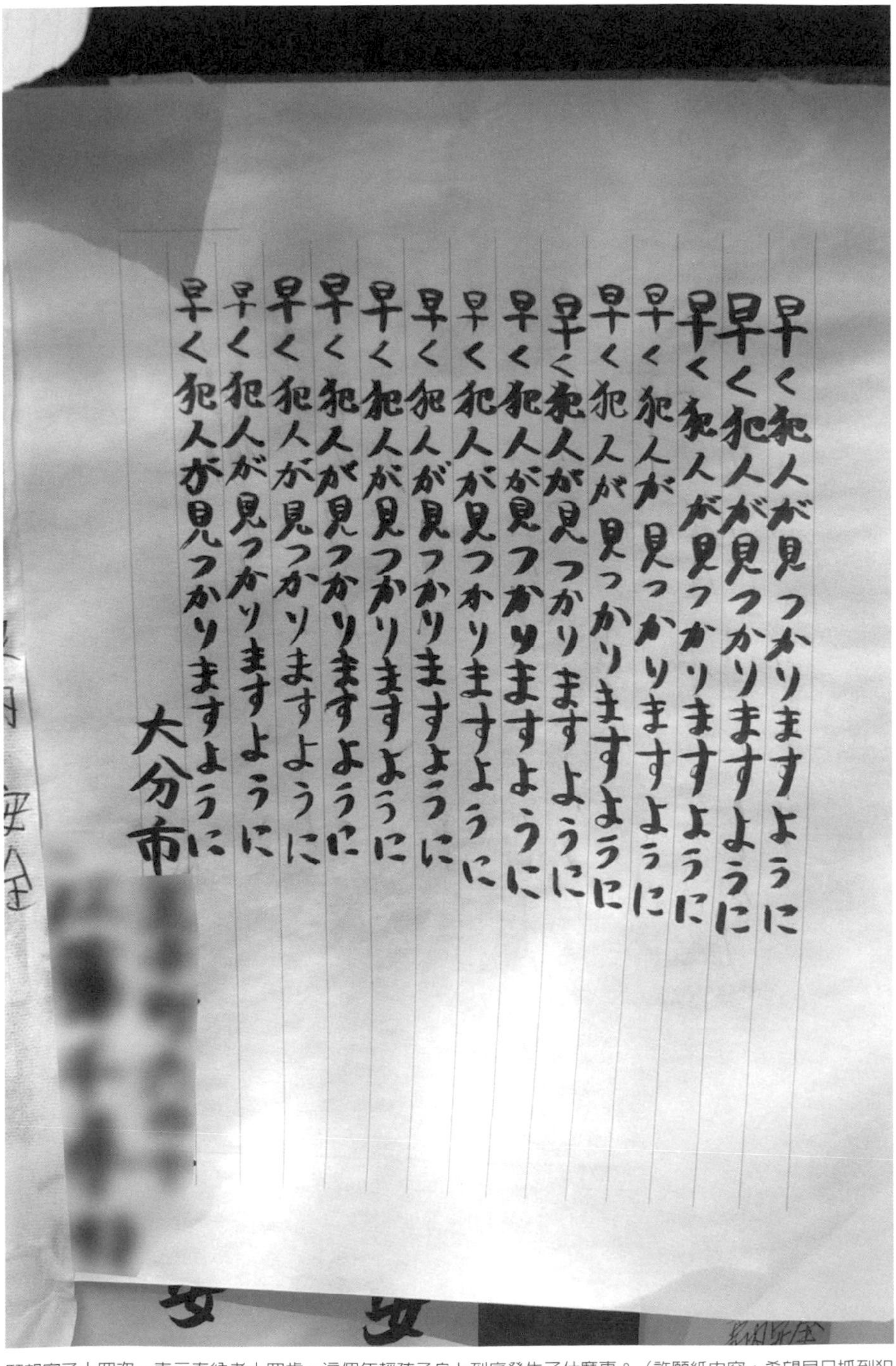

願望寫了十四次，表示奉納者十四歲。這個年輕孩子身上到底發生了什麼事？（許願紙內容：希望早日抓到犯人）

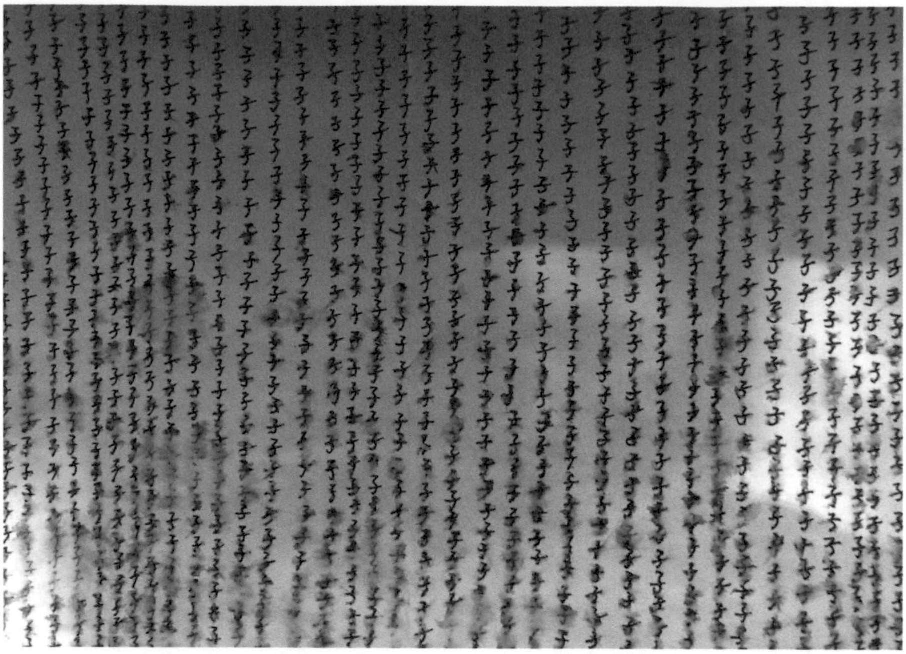

奉納許願紙的錯誤示範。願望的次數大於年齡，反而強烈傳達出奉納者的意念。

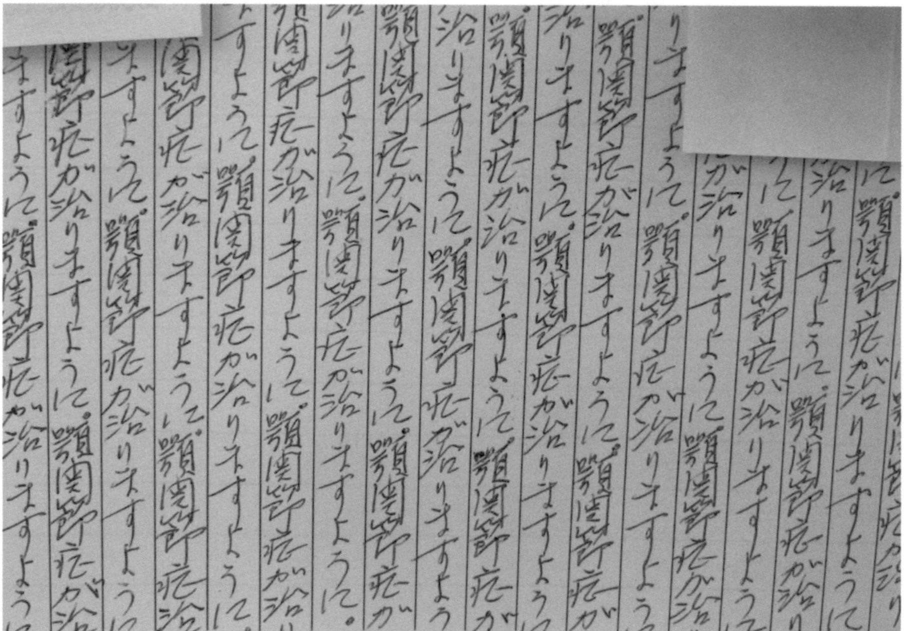

文字雄渾有力，光是看著就覺得要得腱鞘炎了。寫下願望的應該是個認真的人。（許願紙內容：希望顳顎關節症能治好）

許願紙上寫的多是祈求考試合格、疾病治癒等願望，最大特色在於同一個願望重複寫了很多次。其實奉納許願紙有一定的作法：奉納者幾歲，願望就寫幾次。換言之，如果寫了八十次「希望顳顎關節症能治好」，就知道是八十歲的人奉納的。話說回來，就算顳顎關節症治好了，但一口氣寫這麼多次，讓人不免擔起不必要的心：接下來會不會得腱鞘炎啊？

另外還有其他形形色色的願望，讓人體會到現代社會黑暗的一面。「希望課長早日調職」（是被霸凌了嗎？）、「希望成為寶塚[45]的一員」、「希望房貸順利申請下來」、「希望早日抓到犯人」等等，甚至有寫了好幾百個「子子子子子……」的許願紙，不曉得奉納者知不知道奉納方法，還是想說反正寫愈多愈好？

淹沒拜殿迴廊的大量許願紙，數量很多是一定的，但其中寫了無比沉重內容的許願紙未免也太多了。打聽後才知道，許願紙每年好像會焚燒四次，不過仍趕不上許願紙增加的速度。祈求願望實現的人來貼，願望成真謝神的人也來貼，人潮絡繹不絕。我凝視著眼前集人類願望於一處的光景，逐漸感覺看起來像個巨大的團塊，或許那便是所謂「人類業障」的形貌吧。

讓人驚愕的「め」字祝願

護眼靈山・油山寺（靜岡縣袋井市）

佛教中與疾病治癒有關的祈願主要歸藥師如來負責，其中大多是對治癒眼疾特別靈驗的寺院，人稱遠州三山的靜岡縣袋井市的油山寺便是其一。油山寺因治癒孝謙天皇的眼疾而被稱為護眼靈山，現在仍為全國各地受眼疾之苦的人所信仰。

掛滿藥師堂牆上的繪馬，數量驚人。竟然有這麼多人深受眼疾之苦。

45 日本兵庫縣的寶塚歌劇團，由未婚女性組成的歌舞表演團體。

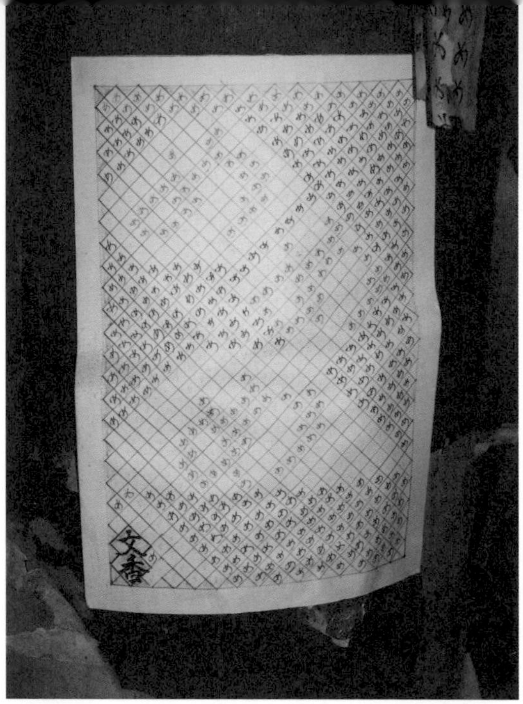

斜線構成的方格裡填有「め」字。這會不會是喜歡填字遊戲的人奉納的？

寫有近三百個「目」字的繪馬，氣勢驚人。

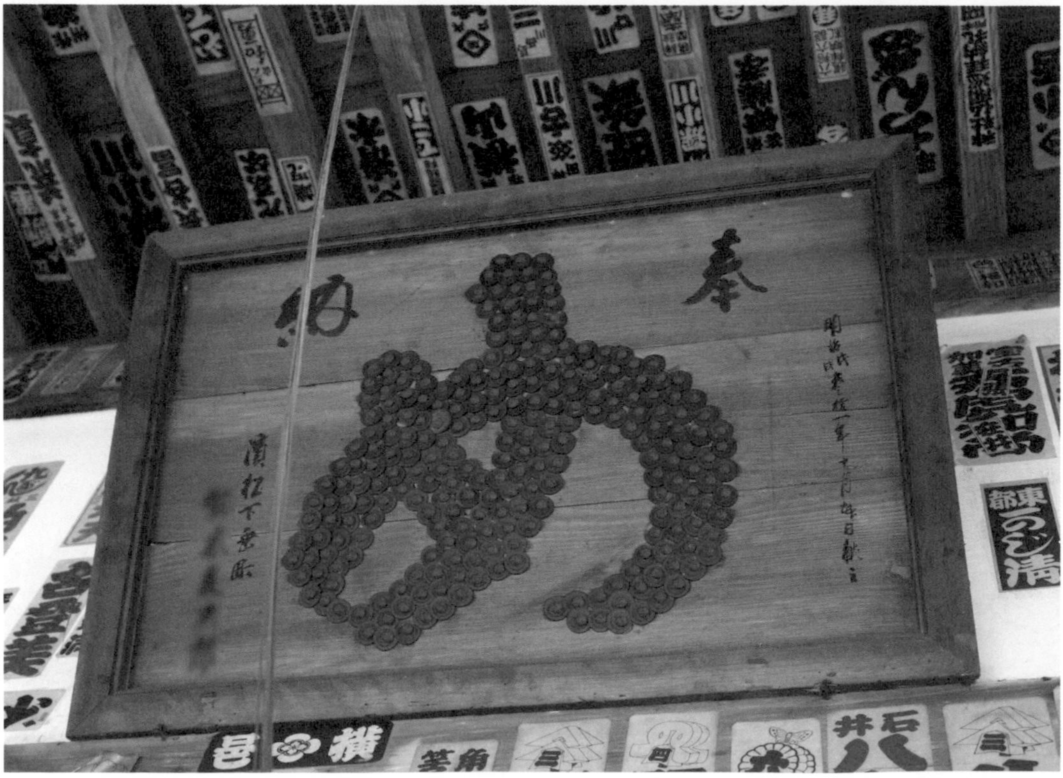

將許多中央有孔洞的錢幣釘成一個「め」字。近世流行這類用錢幣排出願望或五重塔形狀的繪馬。

藥師堂到處貼有寫上「め」字的繪馬或紙張。眼疾不分古今都是一大問題。

漫步在蓊鬱的林間，境內寬闊讓人幾乎要忘了自己身在寺院中。途中有河川有瀑布，滿眼綠意。原來如此！這環境的確對眼睛很好。然而一踏入本堂藥師堂後，眼前景象丕變。堂內微暗，柱子、牆壁、格子狀天花板等每一個地方都懸掛著繪馬，數量多到數不清。不只這樣，室內掛不下的繪馬全像柿子串一樣垂掛在外廊下（剛才那片美麗的自然風光是怎麼回事？）。

大量垂掛的繪馬，看起來就像攀附於釋尊垂落地獄的蜘蛛絲的成群亡者。不對，應該說繪馬如此之多，就表示有這麼多深受眼疾之苦的人前來求助於藥師如來。

奉納的繪馬大多是寺院販售的現成品，自製的繪馬也不少，其中讓人印象深刻的是用五元硬幣貼成「め[46]」字形的繪額，甚至有用以前的一文錢貼成的。另外還有寫滿「めめめめめめ……」的紙張，就是前面提到的許願紙，年紀多大，願望就寫幾次。

當中還有類似填字遊戲的作法，在部分方格裡填入「め」字，讓剩下的空白方格整個構成「め」字；有潦草寫在便條紙一角的，也有剛學會認字的幼童寫下的，總之堂內奉納了各種各樣的「め」字。

盯著眼前一輩子分量的「め」字看久了，感覺都快產生語義飽和[47]現象了，甚至覺得連「め」字本身的意義都已消失，單純只是眼睛不好的人奉納的記號。這麼說來，裡面確實有不熟練字體寫下的「め」字繪馬，那或許並非出於孩童之手，而是視障者寫下的。

46 漢字為「目」，即眼睛。
47 長時間盯著一個字詞看後，突然不認識該字詞，或覺得該字詞變得陌生。

彷彿圍繞大佛而立的句碑。數量太多，反而讓最重要的大佛相形失色。雖然有點本末倒置，但也因此顯得有趣。

淹沒大佛腳目的文字群

盛岡大佛的句碑（岩手縣盛岡市）

位於盛岡市的松園寺境內有大佛坐鎮，在當地頗負盛名。實際走訪後發現，比起大佛，境內各處的石頭句碑給人的衝擊更為強烈。

句碑從寺院入口處的山門、大佛沿著通往本堂的參道兩側排列，連綿不絕，完全超出一般奉納的範疇。

奉納者各自歌詠的詩句以日常牢騷、平淡無奇的季節描寫、發生在身上的好運或不幸遭遇等主題居多。另外還可看到寫有宮澤賢治名句「不要輸給雨……」，或僅寫上「毅力」、「努力」等字詞的石碑，豐富多樣。這些應該都是信眾奉納的，但數量太不尋常，只讓人覺得氣氛詭異。

此外，本堂再過去一點有塊類似人造地般冷冰冰的地方，以前也排滿了句碑。

連綿不絕的石碑群。可以感受到一股急切的熱情，也有點類似焦躁感。

空地一片荒蕪，唯有句碑連綿不絕。看著那光景時，我心想：「石碑到底一路延伸到哪裡呢？難不成根本沒有止境？」開始有些不安起來。

說到石碑，文字一般都是刻上去的，這裡卻是用油漆直接塗在石頭上。或許是因為石碑數量實在太多，根本無暇一塊一塊刻上文字吧。如此乾脆的態度似乎充分展現出這座寺院「量先於質」的姿態。比起文字的意義或內容，總之以文字的數量為優先，進而造就出這番奇景。

如白色羽翼飄動的奉納物

家原寺的祈願手帕（大阪府堺市）

位於大阪府堺市的家原寺是行基出生地。不用說也知道，行基就是建立了奈良大佛、受到各領域人士尊敬的高僧。

這座家原寺現在則廣納眾生的祈願與苦難，提供七五三參拜[48]、水子供養乃至於寵物靈園等服務，不過最受歡迎的還是考試合格的祈願。家原寺的主神為智慧之神文殊菩薩，大阪的考生無一例外都會來參拜，為的就是獲得文殊菩薩加持。

正如家原寺的別名「塗鴉寺」，過去考生會直接在本堂牆上寫下志願學校、目標成績等。寺方判斷，這樣下去本堂的牆壁很快就會寫滿了，因此想出在手帕上寫下願望再奉納的方式，於是本堂建築就變成現在密密麻麻滿是手帕的模樣了。

奉納的手帕名為「祈願手帕」，從遠處乍看像是日之丸國旗，仔細瞧會發現上面是家原寺的紋樣九曜紋。大量手帕隨風飄動，彷彿本堂長

貼在本堂的手帕多寫著志願學校的名稱。據說每到大考季節，本堂就會被手帕淹沒。

48 每年 11 月 15 日，有 3 歲孩子（不分男女）、5 歲男孩或 7 歲女孩的家庭會到神社佛寺參拜，祈求孩子健康成長。

出了鱗片，也像生出了羽毛。

我一邊驚訝於手帕數量之多，一邊靠近，眺望上面的文字。想當然耳，祈求考上大學或高中的祈願手帕數量占壓倒性多數，其次是國家資格考試等合格祈願。世界上竟然有這麼多資格考試！這也讓我嚇了一跳。我去參觀時，牆壁、柱子、門扉上都還看得到部分空隙，不過聽說每到大考前，本堂就會被密密麻麻的手帕覆滿。某種意義上來說，這無疑是現代社會中最切身相關也最嚴肅的祈願之一。

憑一己之力可以達成的就自己努力，超出個人能力範圍的就交給神明吧。加油！

願世界各國永保和平

和平柱的聖地（靜岡縣富士宮市）

各位知道和平柱嗎？就是立在日本全國各地如觀光景點、知名神社佛寺、街角、民宅庭院等處的白色角柱。說到「我們祝願世界人類的和平」，應該很多人會想起「啊，就是那個……」。粗略地說，就是在全世界豎立和平柱，藉此超越宗教、種族、政治體制的框架，祈願世界和平的運動。此和平柱的聖地就在富士山山麓，這點知道的人應該不多。

和平柱的聖地被稱為富士聖地，就位在白光真宏會教團的本部。

一般人或許不太會意識到和平柱運動（WPPC）與宗教之間的關係，不過和平柱運動和白光真宏會的創始者為同一人。因此，兩者嚴格說來雖然是不同的團體，卻位在同一塊土地上。

富士聖地豎立了許多和平柱。一般和平柱上會寫「我們祝願世界人類的和平」或「May Peace Prevail On Earth」。

不過這裡的和平柱有些特殊，個別的柱子上以「我們祝願〇〇國的和平」的形式寫上各國國名，柱子另一側則以該國語言寫上意思相同的文字。

和平柱一字排開，上面用英文、日文和當地語言寫著對各國和平的祈願。

祈願世界各國和平的柱子一字排開，那模樣讓人感動在心裡，一邊想著「不愧是和平柱的聖地」，一邊往前進。

結果眼前出現的是約足球場大小的巨大世界地圖。這面以砂石為海洋、人工草坪為陸地的世界地圖上豎立著數不清的和平柱。地圖上方巨大的字體寫著「我們祝願世界人類的和平」。整體圖像太過龐大，站在地面上幾乎看不出來，必須透過空拍才能辨識。

話說回來，為什麼會決心完成如此巨大的任務呢？

和平柱運動讓我產生一股無比強烈的懷舊感。超越宗派藩籬、祈願世界和平的理念當然很棒、很了不起，這點無庸置疑，只不過眼前這幅像是自豪地謳歌「國家乃個人幸福立足點」的光景，不知為何讓人產生似曾相識之感。和平柱運動興起於東京奧運和大阪萬國博覽會的熱潮尚未退卻的一九七〇年代，我覺得這和我感受到的熟悉感絕非毫無關係。

揭開附身靈真面目的卒塔婆？

羽黑山靈祭殿（山形縣鶴岡市）

出羽三山——月山、湯殿山、羽黑山——自古以來便為人所信仰，其中羽黑山的三神合祭殿為三山中心般的存在。這座神社合祀了出羽三山的山神，並以日本最大級木造建築之一聞名，社殿莊嚴。許多觀光客和參拜者特地造訪神社，卻鮮少有人走到稍微裡面一點的靈祭殿。

據說這座靈祭殿本來是地藏堂。

應該很多人都知道，大部分山岳信仰混合了神道和佛教元素，而這座羽黑山除了山岳修驗的信仰外，更被這一帶住民視為死者靈魂前往之處。也就是說，靈祭殿是供養聚集在羽黑山的死者靈魂的場所。

靈祭殿旁邊立有許多地藏菩薩像和卒塔婆，也有大量風車，這番特別常見於東北地方靈場的獨特光景在此展開。

尤其是卒塔婆，排得密密麻麻不見空隙，醞釀出一股詭異氣氛。卒塔婆幾乎都寫上了法名或往生者姓名，不過有一個區塊的卒塔婆，上面的文字怎麼看都無法理解。

「利用衣衫襤褸之僧侶法印虛無僧布袋福助觀音的禍首全體之命之靈位」

「全國各地被帶來不吃不喝被迫勞動的家族親子全體之命之靈位」

「點燃生木的前世之命之靈位」

「大先祖上山中途亡佚之命之靈位」

「大先祖糖尿病發早逝之生命全體之靈位」

「十一軒口礦坑時代遭活埋之人夫全體之靈位」

「一揆騷動中被燒死的靈」

「心臟受到壓迫而早逝之命之靈位」

卒塔婆上寫的是前世的因緣果報，還是附身靈的真面目呢？種類繁多，內容深刻強烈，讓人不由得大吃一驚。

靈祭殿旁的卒塔婆群。羽黑山也以死者靈魂聚集之地受到當地人的信仰。

……還有很多，不過就此打住吧。「命之靈位」是神道的靈號，用來代替法名。看到這些寫有強烈字眼的卒塔婆，讓人嚇了一跳，差點就要栽跟斗。

這些卒塔婆到底是什麼？這一帶地方的靈能者以自身靈力看出委託人前世的因緣果報，或是附在委託人身上的靈體。為了供養該附身靈，於是像這樣把靈體寫在卒塔婆上，再讓委託人拿到羽黑山奉納。

東北地方一帶存在許多靈能者，鶴岡所在的庄內地方也有很多人稱「巫女」的靈能者。順帶一提，寫有類似內容的卒塔婆和紙符在湯殿山也看得到。

神佛習合的山岳信仰、亡魂聚集山頭的東北地方葉山信仰，再加上地方靈能者消除因緣果報的宗教儀式……靈祭殿是個寶貴的場所，讓人得一窺此地像是層層堆疊般豐富多樣的信仰，以及地方巫者打造出的混沌宗教世界。

邀請觀者前往異次元的謎樣文字群

彌勒寺的角柱（兵庫縣三田市）

兵庫縣山中有一座名為玉皇山彌勒寺的寺院。中國清代的宗教祕密結社一貫道經由台灣傳到日本後落地生根，成為新興宗教（宗教法人・天道總天壇），玉皇山彌勒寺似乎就是這個宗教的本部。

廣大的境內散見強化塑膠製成的巨大布袋像，遠看就知道這裡和傳統佛教寺院有所區別。

根據天道教義，儒教、道教、佛教、基督教、回教都是應時代與狀況之需出現，所有的道追本溯源皆來自「創造天地之親」，即「絕對唯一至高之神」的老母。具體作法為敬拜彌勒像，並以回歸「脫離三界輪迴、永遠的

為消除各類靈障而設立的供養塔。側面雖然具體寫出內容，不過看了幾乎無法想像到底是什麼樣的靈障。

連祈願內容都已無法判別的文字排排站。文字超越了文字範疇，好像變成了其他裝置。

解放黑洞真的沒關係嗎？嗯，至少感受到了祈願者的認真……

極樂天國」（括弧內文字取自教團官網）為教誨的目的。

彌勒寺境內各處豎立了大量角柱，上面寫著大大的「地球延命」、「消除靈障」、「消除靈團之牆」、「改善過敏體質，淨化汙血」之類感覺不甚平靜的字眼，也有像「消除克流感副作用」奇妙地反映出世相的文字，甚至還有「解放棒旋星系大質量黑洞」這類相當於科幻電影的祈願。視線來到「丹田脈輪物質精神充實」這幾個字時，都不知道在說什麼了。

消除靈障是其他教團或寺院也很常見的主題，克流感什麼的和自身相關還可以理解，不過從「黑洞」到「次大元創世泉珠神國國父戴冠三期收圓」之類的，看在不清楚該教團教義的人眼裡不過是謎樣般的文字罷了。看著這些文字列，不禁感覺自己正在目睹文字通膨的發生。

這個現象並不限於天道教。

佛教經典的文字符號在我們一般人眼裡，某種意義上來說更是不知所云，充滿神祕色彩。卒塔婆群也一樣，這些寫有超越日常概念的文字列之物，本身就引人進入酩酊狀態，把我們帶往異次元。或許在信仰的世界裡，文字時而拋卻原有的傳遞功能，時而超越字面上的意義也說不定。

滿懷治癒疾病熱情的訊息

岩城修弘靈場（秋田縣由利本莊市）

秋田縣山中有一座非常不可思議的靈場。

靈場外的看板寫著「病魔纏身者請入內參拜」，氣勢十足，教人無法過門而不入。我受到那股氣勢牽引走進境內，只見眼前到處看板林立，上面以雄渾的字體密密麻麻寫滿文字訊息。

熱血沸騰的文字看板接二連三出現，令人目不暇給，根本沒有餘裕思考「這到底是什麼？」。看著看著，漸漸感覺腦子裡像是被人胡亂攪拌，即將溶成一團。

這裡是岩城修弘靈場，是一座由個人打造、完全獨立的靈場。據說只要來參拜，各種疑難病症都會痊癒。從靈場主的角度來看，就是一處兼具信仰與治療功能的場所吧。

來到本堂周邊，那股難以跟上的興奮熱度更是有增無減。

靈場主手寫的訊息覆滿整面牆壁，文字數也更多，其中批判現代醫療制度與醫療疏失的部分寫得有點難懂，讓人跟不太上。整座建築宛如全身寫滿經文的無耳芳一[49]。

我像是撥開各種文字訊息群般穿過看板，進入本堂。咦？剛才明明有那麼多文字看板，一進到本堂後數量竟然銳減。

取而代之的是貼滿天花板和牆壁的佛像與佛像畫的海報或副本。周邊的祠堂和通道各處也貼有佛像畫的海報或副本。

我非常喜歡這類手工打造的信仰設施，因此眼前的光景讓人雀躍不已。如果是一般人不小心誤入這個空間，

49 芳一是在阿彌陀寺工作的琵琶法師，受到武士亡靈糾纏，寺裡的和尚在芳一身上寫滿經文，但卻遺漏了雙耳。亡靈看不到因全身寫滿經文而隱身的芳一，只見到兩隻耳朵，於是便將耳朵切下帶回，無耳芳一即由此而來。

密密麻麻貼滿本堂正面的文字訊息，內容多在批判現代醫學。

文字訊息一直延伸到本堂旁邊，內容似乎是關於信仰與健康的關係，簡單說就是「病從氣來」，我想應該是這樣。

或許會感到相當不知所措吧。

此處的靈場主對於信仰和疾病的關聯似乎相當堅持己見。我試著讀完大量看板上的文字，還是不清楚靈場主想要表達什麼。

一般來說，所謂的宗教設施是透過建築或庭園等視覺資訊，表現出無法訴諸語言文字的神祕或世界觀，岩城修弘靈場卻把信仰最核心的部分悉數文字化，一一寫在看板上。

若說把象徵性發揮到極致是宗教常見的作法，某種意義上來說，這裡的表現手法或許稍嫌露骨了。再者訊息量實在太龐大，結果反而讓人看不懂想傳達什麼，自相矛盾。

但反過來說，也正因為自相矛盾，更能強烈感受到積極投入信仰的姿態。如果不做到這個地步，大家就沒辦法感受到我是認真的。沒錯，也就是說現在這樣完全沒問題，保持下去就好。一定是這樣的。

充滿手工製作感的本堂內部。本堂周邊也有許多手工打造的小祠堂。

第九章

稻荷信仰的內面

來談談稻荷神。

稻荷信仰是日本最受歡迎的信仰之一，不過其多樣性卻是複雜難解。從稻荷信仰衍生出的各種民間信仰混雜融合，到了今日，不可思議的信仰世界仍不斷出現。

稻荷原本似乎是渡來人秦氏的氏神[50]，在古老的紀錄中表記為「伊奈利」（《山城國風土記》佚文），伊奈利意為「伊禰奈利生」，也就是「長出稻子」的意思。

因此稻荷神為農耕之神，一開始是強調五穀豐收的信仰，後來與佛教、民間信仰融合，信仰涵蓋的範圍逐漸擴大，最後終於成為無所不包的全能神祇，在日本全國各地廣為祭祀。

說起來稻荷信仰為什麼會呈現爆發性發展呢？稻荷信仰的內面到底有什麼？

說實話，這個問題就連宗教學者都不是那麼容易回答。愈是深入探究、挖掘，益發感覺自己深陷於宗教史那深不見底的泥沼之中。

在這一章，我們將試著思考稻荷信仰催生出的奉納習俗，企圖藉此接近信仰的本質。此處介紹的每一個看起來都是奇異珍妙的習俗，但這些習俗都是以稻荷信仰本身的動能與活力為基礎發展出來的，只有這一點不妨先牢記在心。

稻荷神社的特徵在絕無僅有的總本社伏見稻荷大社（稻荷山）也相當顯著。稻荷信仰何以發展成如此混沌的信仰，其原點可以在這裡看到。

紅色鳥居與御塚打造的信仰大熔爐

伏見稻荷（京都府京都市）

眾所皆知，京都市伏見區的伏見稻荷大社是稻荷信仰的總本社，也是日本首屈一指的名剎。伏見稻荷不僅是關西地區新年參拜

50 同一地區、聚落的居民共同祭祀的神祇。

散見於伏見稻荷大社後山的御塚群，大大小小應有盡有。

人數排名第一的神社，也是海外旅行者最愛的觀光景點，不論就信仰或觀光層面來看都相當受歡迎，吸引大批人潮造訪。面對有如隧道般連綿不絕的千本鳥居，不僅外國觀光客，就連日本人看了也會觸發思古幽情，憶起宗教的根源吧。

穿過千本鳥居抵達奧院參拜後，大部分的人便一臉心滿意足，準備循原路回到千本鳥居。看到這畫面，筆者實在不吐不快。

「接下來才是伏見稻荷大社的廬山真面目啊！」

鳥居群從奧院所在處向前不斷延伸。沒錯，紅色千本鳥居一路延續到伏見稻荷大社的後山稻荷山全域。稻荷山由三座山峰相連而成，只見大白天仍顯昏暗的蓊鬱森林裡，紅色鳥居一座接一座排列，綿延不絕，那模樣就像血管布滿整座山頭。

此處不見本殿或奧院喧囂的觀光客，由靜寂所支配的世界在眼前展開，可說是伏見稻荷大社的另一面。

順著鳥居往前走，沿路到處看得到聚集

了小型祠堂的場所，稱為「御塚」。這是關西各地的講社或小型團體自發建造的奉拜場。

御塚散見山中各處，據說全部共有一萬座。御塚所在處不只有小祠堂，也設置了許多刻有神號的石碑，清一色都是沒聽過的神號，大概是連伏見稻荷大社也不清楚、屬於民間信仰原創的神祇。

換言之，這些御塚雖然位於伏見稻荷大社境內，卻不屬於稻荷信仰，而是來自其他獨立且似乎多屬神佛習合的信仰，其中名為「御台」的民間靈能者更是重要存在，支撐著伏見稻荷的信仰。

位於森林深處民間信仰的聖域。愈往森林裡走，御塚的密度愈高，愈見深邃。大部分御塚奉納的是約三十公分高的迷你鳥居，由於空間有限，只好將鳥居倒放後一座座往上堆疊，或是直接靠立在石碑上，不過數量實在太多了，感覺隨時要崩落下來。驚人數量正說明了信仰有多麼根深蒂固。

仔細一看，各個奉拜場的神號都不一樣。換言之，每一個奉拜場都代表不同的宗教。

稻荷總本社轄下為何會發生這種現象呢？

原因要上溯到明治初期。推動神道國教化的明治政府於慶應四年到明治元年（一八六八）間，廢除了一直以來廣受信仰的神佛習合，將神道和佛教明確區分開來，另外也為一直以來不甚明確的大量神社建立體系，統合並加以整理，使其立場與位置變得明確。

大量的迷你鳥居。一座座的石碑上刻著許多從未聽過的神號，足見稻荷信仰守備範圍之廣。

然而當中仍有許多無論如何都無法將神與佛分離的信仰，像是民間信仰團體或講社等等，於是明治政府將這些無法分門別類的信仰團體硬是併入稻荷信仰，似乎是這樣來的。

於是，神佛習合的民間信仰團體等就被封印在伏見稻荷大社的後山稻荷山中。

明治政府原本應該是打算將這些未區分的宗教統一處理，然而經過一百五十年後的今天，稻荷山已化身為一座混成宗教的巨大展示場。和一般概念中的神道全然不同的神道在此綿延開展，那或許正是神佛習合再理所當然不過的時代的神道，也就是中世到近世日本人普遍信仰的神道最普通的樣貌。

我們很容易以為，以伊勢神宮為尊的現代神道是日本人自古以來信仰的民族宗教，並對此深信不疑。其實日本人自古以來信仰的神祇更為複雜多樣，混沌難解，現在仍然可以從伏見稻荷的後山裡看到一些蛛絲馬跡。

在神前燈火靜靜照耀下的鳥居。山中林木蓊鬱，雖然是大白天仍顯得昏暗。

話說回來，這類獨立宗教為什麼會被併入稻荷信仰的體系呢？

筆者認為，或許是因為稻荷信仰原本就是一個複合的信仰吧。

尤其稻荷信仰與真言密教、東寺之間關係緊密，使其成為神佛習合信仰的基礎，人稱稻荷行者的人則成了信仰的傳遞者。另一方面，稻荷山雖然整座山是御神體，卻罕見地是個開放的聖域，可以自由進出。人們把山裡的杉樹葉當成護身符，用山裡的土製成的人偶也被當成吉祥物。在江戶時代，稻荷信仰於是便像這樣漸漸自帶一種流行神的色彩。

換句話說，僧侶、神官、修驗者、商人、農民進進出出的稻荷山本來就是個無所不有的聖域。看在明治政府眼中，「稻荷」或許就像黑洞一樣是個無所不包的宗教吧。

結束山中巡禮回到平地，眼前出現的是不同於御塚的信仰景點，鱗次櫛比。這些就是大家常說的新興宗教或民間信仰的社寺，這幾年才完成的。

到了這個地步，不僅焚燒護摩[51]的祈禱所，甚至連道教或供養水子的寺院都有，稻荷山成了一個宗教大熔爐，完全化身為混沌的宗教實驗場。不論什麼宗教悉數吞納，面對稻荷山那大胃王般的氣勢，我除了驚嘆還是驚嘆。

連GHQ都嚇破膽的超靈驗稻荷神

穴守稻荷（東京都大田區）

現在還記得舊羽田機場航廈的是幾歲以上的讀者呢？知道的人或許也還記得停車場前面有座巨大鳥居吧。而受到七〇年代靈異熱潮洗禮的世代，應該曾聽聞圍繞著那座鳥居的種種詛咒吧。

說這話的在下我，小時候也曾受到七〇年代靈異熱潮的薰陶，因此羽田大鳥居的傳說從小學時代開始就在我心裡留下深刻印象。順帶一提，我們家裡有人在這座紅色鳥居正前方的飯店舉行婚禮，那是我第一次近距離觀看鳥居，我還記得當時莫名感動，心想：「原來這就是傳說中的大鳥居！」

圍繞著羽田大鳥居的詛咒始於戰後不久。

內容不外乎接收羽田機場的美軍或日方承包商的作業員試圖拆毀鳥居時，都會遭逢意外或生病之類的。另外，雖然不知道真假，據說只要一提出遷移鳥居的計畫，就會發生重大的飛航意外。

檢驗詛咒的真偽並非本書目的，這部分就交給其他有志於此的人士了。為什麼遷移鳥居會引發詛咒呢？總覺得從兩者的因果關係中可以窺見什麼，因此決定深入研究一番。

這座傳說中的大鳥居是在平成十一年（一九九九）從舊機場航廈遷移到約八百公尺外、連接機場和羽田市街的弁天橋附近（對了，聽說遷移時並未發生意外或事故）。話說回來，為什麼會流傳大鳥居的詛咒呢？試著回溯歷史後，讓人意外的事實浮上檯面。

羽田機場所在地過去曾有過一座穴守神社，這座鳥居就是穴守神社的鳥居之一。

依時間先後說明，很久很久以前，羽田機場所在地是一片淺灘，江戶時代耗費大量人力圍海造田，加以開

51 密教修行儀式之一。在神佛面前焚燒象徵煩惱與災難的護摩木，祈願消災降福。

穴守稻荷內部雜亂堆放的迷你鳥居群，像是把被迫遷移之憤恨給封印住。

鳥居盡頭的奧之宮。據說只要把這裡的「御神砂」帶回家撒在玄關等處，願望就會實現。

境內各處奉納有老舊的狐狸像，原本應該是民宅的屋敷神，因搬家等因素不再需要而奉納至此吧。

墾。穴守稻荷就是當時創建的。到了明治、大正、昭和初期，這一帶以穴守稻荷為中心逐漸發展，溫泉、遊樂園、獵鴨場應有盡有，成為首都圈遠近馳名的一大度假勝地。

順帶一提，這片土地其中一角便是現在羽田機場前身的東京飛行場。戰後美軍接收羽田機場，為大幅擴建機場，竟強制穴守稻荷附近居民在四十八小時內遷移（一開始要求二十四小時內搬遷）。因美軍單方面決定而被奪走長年居住地的不只居民，曾是羽田象徵的穴守稻荷也被迫遷離這塊土地。

人類一旦不把已在某地生根的稻荷神社當一回事，任意遷移，災厄（詛咒）馬上就會降臨——這類傳說在過去有許多稻荷神社的江戶市街（多到曾經傳唱「江戶什麼最多？伊勢屋稻荷和狗糞」）裡廣為流傳。換句話說，遷移稻荷神社與災厄降臨的因果關係在戰後的日本仍然存在，大鳥居的詛咒或許正證明了這一點。

穴守稻荷現在遷到機場西邊，境內氣氛靜謐，感受不到過去度假勝地的喧囂、為國家與ＧＨＱ（駐日盟軍總司令部）操弄的動盪歷史等等。不過往奧之宮內部一瞧，讓人嚇了一大跳。迷你鳥居在裡面高高堆起，數量多到無法計數。

信仰至今仍在此地持續著。穴守稻荷的主神或許並不樂見遷移一事，不過對於非穴守稻荷神不可的信眾來說，地點不是太大問題。應該是這麼一回事吧。

江戶後期為開發新田築起土壘堤防，據說穴守稻荷一開始便是建在堤防上。神號「穴守」則意味著防止大海嘯造成潰堤的守護神（防止大浪在堤防上沖刷出洞穴）。

後來這一帶漸漸發展為度假勝地，穴守稻荷的「穴守」因其「防止婦女病纏身」之意，也受到花街女子的信仰。甚至到了現代，聽說賽馬中鎖定冷門馬匹賭一把的人也開始來這裡參拜[52]。

在民俗信仰的脈絡中，詛咒或作祟乃是神威靈驗的證明。果真如此的話，穴守稻荷用詛咒對抗蠻橫的ＧＨＱ，成效卓著（？），這或許也進一步強化了穴守稻荷的信仰。

52 賽馬中爆冷門的馬匹稱為「大穴」。

數量太多只好排成三列的鳥居群。一旦奉納者的信仰心超越神社能容納的量，就會出現這種失衡的光景。

超越神社規模的鳥居之力

穴守稻荷（群馬縣伊勢崎市）

群馬縣伊勢崎市的小泉稻荷神社祭祀的是崇神天皇時代（紀元前一四八～前二十九年）伏見稻荷的分靈，神社前方聳立著約二十二公尺高的巨大鳥居。

這樣聽來應該是一座氣宇非凡的神社吧，我心想。沒想到實際走訪後，看到的和心理預期的不同，姑且不論是好是壞，有種被騙了的感覺。

第一個與期待不同之處在於神社的規模。暫且不管神社起源解說牌是怎麼寫的，既然是擁有日本前幾大鳥居的神社，自然會讓人聯想到境內有濃密的森林或莊嚴的社殿，但到了現場，卻只看到一座規模小巧的神社，小到讓人不免要想：「剛才的鳥居那麼大是怎樣！」

另外還有一點雖然與期待背道而馳，某種意義上卻是好的：大量鳥居集中一處，數量多到極不尋常。紅通通的鳥居超過兩百座，全都排得密密麻麻，不見空隙。

紅色鳥居在不算寬敞的境內排成三列，更凸顯了密集感，像是一座紅色叢林。

為什麼是三列？因為鳥居數量超過境內能容納的量，一列放不下，只好分成三列。

鳥居排得密密麻麻，不見空隙。聽說以前孩子們還會爬上爬下，在鳥居間玩耍。也曾因數量太多而處理掉部分鳥居。

靈驗的神社佛寺經常可以看到這種現象，庶民祈願的力量（在視覺上）整個蓋過神社本身。就某種意義上來說，這或許也算是種幸福的光景吧。

順帶一提，奉納最多座鳥居的是縣內的連鎖葬儀社。葬儀社向保佑商業繁盛的神祇奉納鳥居，感覺有點怪怪的，不過這也可以說是稻荷信仰海納百川的恢宏氣度吧。

留下名片，證明「到此一拜」

千代保稻荷（岐阜縣海津市）

千代保桑，非常獨特的稱呼，正式名稱為千代保稻荷神社。當地從以前就有「跨月參拜」的習俗，也就是每月最後一天晚上到千代保神社參拜，徹夜到天亮。

神社前的參拜道上有好幾家專賣當地著名小吃串炸與味噌滷牛筋的店家，化身為中京家鄉料理[53]的大本營。不管哪一種串炸，聽說要蘸味噌滷牛筋的醬汁吃才是老饕吃法。此地更因為是水鄉，四周為木曾川、揖斐川、長良川所環繞，專賣鯰魚、鰻魚之類河魚料理的店家也是毗連而立。

位在此地的千代保稻荷深受庶民敬仰，尤其當地自己開店的業者信仰更是虔誠。神社平時就吸引大量人潮來參拜，一年到頭都像祭典一樣熱鬧非凡。

千代保稻荷和其他神社有些不同。之所以這麼說，是因為這裡完全不提供平安符或護身符之類的東西。據說這是來自「世世代代永遠守護先祖御靈」的教誨，也就是說守護先祖不需要平安符。換言之就算來參謁，也

53「中京」指名古屋及其周邊地區，因位於東京與西京（京都）之間而得此名。前述串炸（串カツ）和味噌滷牛筋（土手煮）皆為該地區特色料理。

參拜者人人奉上炸豆皮。每月最後一天到隔天，參拜人潮整晚絡繹不絕，參拜道上的餐廳也是全天不打烊。

奉納的名片。名片多來自自己開店、經營公司的人，不愧是保佑生意興隆的神祇。

沒有什麼可以帶回去。言下之意就是參拜者沒有可以用來證明到此一拜的東西。

站在參拜者的立場，想留下點什麼作為參拜證明也是人之常情吧，於是不知何時開始出現了這樣的作法：參拜者將名片夾在社殿的格子窗或竹簾間。就好像在外面跑業務一樣，在神明前面也放張名片，打聲招呼的意思。從名片驚人的數量來看，可知參拜者都是真心誠意奉上的。

為了留下參拜證明不惜做到這個地步，這也是因為人們深信千代保稻荷的神威。如此想來，串炸店的數量之所以這麼多，或許也反映出想留下點什麼的心情吧。沒有平安符也沒有護身符，但還是想要留下一點什麼作為參拜稻荷神的證明，至少留在肚子裡也行。

這就是稻荷信仰所擁有的庶民性。結合了參拜與娛樂的信仰形式就在這裡，歡樂無比。

生鏽鐵製鳥居構成的咒術光景

小嵐神社（長野縣飯田市）

在我近年走訪過的神社中，小嵐神社是少見充滿暴烈色彩的神社。

要說哪裡驚人，首先前往神社的方式就相當不得了。秋葉街道連接信州諏訪與遠州濱松，現已改名為國道一五二號線，在大約中段部分有個名為木澤的聚落。我寫作這份稿子的現在，木澤是個完全可以稱為祕境的地方，要前往小嵐神社，從這裡還要再走進更為險峻的山路。

在詭異的看板指引下走向山路，沒多久柏油路中斷，變成完全未鋪裝的道路。路愈來愈窄，路況奇差無比，坡度也益發陡峻。就在我開始懷疑「前面真的還有路嗎？」之後過了幾分種，終於抵達小嵐神社。順帶一提，秋葉街道本身也是位於險峻山中，街道整體地處偏僻，除了濱松和諏訪近郊之外幾乎不見商家，開了幾個小時的車，連可以停下來好好吃頓飯的地方都沒有。

費了一番功夫才抵達的小嵐神社，某種意義上來說是神社中的絕品。神社所在的林子裡大白天仍顯昏暗，境內奉納著無數鳥居，且清一色是約三十公分高的小型鐵製鳥居，而非大型木製鳥居。鐵製鳥居極為陽春，幾乎只用圓鐵棒焊接而成，和一般鳥居相比較為細長，看起來有些奇妙。說是鳥居，更像施行咒術的道具。落葉覆蓋著因生鏽而呈血色般的紅黑色細長鳥居，這光景只能說充滿咒術氣氛，此外無他。

這座神社是稻荷神社，據說會降下可怕的災厄。

據說稻荷原本也是會降下災禍的神祇，原因很多。與稻荷神習合的吒枳尼天源自印度的魔女荼枳尼，據說荼枳尼會吃食腐肉，這一點或許也帶來了某些影響。

看著眼前的鳥居，我不禁擅自想像起來：與其說是一般的稻荷信仰，反而更像修驗者的祕密荼枳尼信仰偷偷被藏匿在這處窮山僻壤。而如此原始、粗暴的風景不也是其他神道神社所無、稻荷信仰特有的兼容並蓄嗎？

上百座狐狸像同時瞪視的聖域

豐川稻荷（愛知縣豐川市）

說到稻荷，一般指的是神社，不過也有寺院的稻荷。

焊接細長鐵棒製成的鳥居，看起來比木製鳥居華麗，好像要折彎了。

看著林立於山坡斜面、形狀奇怪的鳥居，我不禁想：這難道不是原始宗教裡咒術的一種嗎？

排成好幾列的狐狸石像。聽說只要把掉落在石塊縫隙的香油錢帶回家，金錢運就會提升。因為這個傳說，近年來這裡似乎成了一大景點。

知名的愛知縣豐川市豐川稲荷就屬此類。這裡是不折不扣的曹洞宗寺院，正式名稱為妙嚴寺，廣大的境內散布著許多佛堂。

不過實際一看境內的樣子會發現有些複雜。穿過山門後，存在感強烈的巨大鳥居映入眼簾，不愧是日本三大稲荷之一。

接著本殿（豐川稲荷大本殿）前設置了狛狐（神狐像）而非狛犬，然而本殿的建築式樣完全是佛教寺院，最重要的是，在裡面祈禱的人百分之百是僧侶沒錯。眼前的光景像是融合神道與佛教般，相當不可思議，會變成這樣是有原因的。

時間是明治初年。受到神佛分離政策的影響，一直以來全日本神佛區分曖昧不明的神社佛寺，清楚地分為神道的神社和佛教的寺院。豐川稻荷也不例外地來到神社與寺院的十字路口。

雖然稱為豐川稻荷，本來卻是不折不扣的曹洞宗寺院，後來定位為以豐川吒枳尼真天為祈禱本尊（寺院主神為千手觀音）的寺院。吒枳尼天原本是印度女神荼枳尼，其使者為狐狸，因而與稻荷神習合。

吒枳尼天原本被當成寺院的守護神來祭祀，但不知從何時開始，吒枳尼天（稻荷神）信仰凌駕於主神千手觀音之上，寺院也以豐川稻荷的通稱傳了開來，因此這裡才會變成是稻荷卻非神社的獨特寺院。

這座豐川稻荷境內廣大，最深處有個不可思議的地方。

從參拜客亦鮮少走訪的靜謐奧院再往內走，在一處位於深處、像是遺世獨立般的地方，讓人嚇得站不住腳的異樣光景在眼前展開。大量狐狸石像排成好幾列，同時瞪視著筆者的方向！

此處名為靈狐塚，是願望順利實現的人奉納狐狸石像謝神的地方。

現在奉納於此的狐狸像有將近一千座，個個表情都不同，有的表情獨特，有的則是一臉恐怖樣。狐狸像的台座上刻有奉納者居住的縣名，一看發現也有很多來自關東各都縣，足見信仰圈範圍之廣。

我被狐狸的氣勢震懾住，啞然無言，在我之後抵達的參拜者卻一副稀鬆平常的模樣，用力拍手行禮。目睹那落落大方的態度與清澈響亮的拍手聲，我不禁覺得一直在意著這裡到底是神社還是佛寺的自己像個傻瓜一樣。

對參拜的人來說，是神是佛都無所謂，因為我們本來就住在一個神佛和諧共存的世界啊。硬要區分神或佛，這個行為本身不是很愚蠢嗎？我不禁這麼想。

豐川稻荷知名的千本幟（旗幟）。

column 4

從奉納原創木屐的習俗看見信仰的深度

最乘寺（神奈川縣南足柄市）

相當於一個人高的巨大木屐。難道這座山裡有奈良大佛等級的巨大天狗嗎？

最乘寺位於神奈川縣足柄的山中，是超過六百年前由了庵慧明所創建。創建當時了庵慧明的弟子，也就是名為道了的山伏一人發揮五百人之力，貢獻極大。據說道了在了庵慧明圓寂後化身為天狗，消失在山中。

因為有這樣的傳說，最乘寺以天狗之寺廣為人知。境內四周現在仍為濃密森林所包圍，散發出一股彷彿天狗就在林間自由來去的氣息。以迴廊連接各堂的本堂周邊肅穆凜然，很有曹洞宗寺院的味道，同時卻又充滿沉著靜謐的氣氛。然而一旦過了結界門，再往前就是由道了支配的異界了。

穿過結界門後拾級而上，前方是祭祀道了的御真殿。堂內設有天狗像，參拜者大多蜂擁至此，而不是到本堂參拜。

御真殿前方奉納有大量的木屐。

說是木屐，卻非真正的木屐，幾乎都是金屬製成的。之所以奉納木屐，想當然應該就是為了獲得變身天狗的道了的加持，效法其威德。同時因木屐左右成雙，據說也用來象徵夫妻和諧圓滿。

基於上述原因而奉納的木屐多不勝數，許多甚至湮沒在荒煙蔓草裡，因此正確數量不得而知，不過似乎足足超過一百雙。

當中特別引人注目的是巨大的紅色高齒木屐，高度應有兩公尺，據說是世界最大的木屐。至於重量竟然有三點八公噸！當初是設定給奈良大佛等級的天狗穿的吧。

其他還有各種大小、樣式的和諧木屐，數量龐大。有趣的是，沒

用打孔加工金屬製成的木屐。透氣通風不悶熱！？

全部都是獨一無二的製品，每一個都很有看頭。

有任何一雙木屐形狀相同。換言之，似乎是奉納者請五金行或鐵匠打造出獨一無二的木屐後再行奉納的，因此裡面也看得到相當特別的木屐。有像是將圓形或扇形分成一半的形狀的木屐，有看起來可置於掌心的小巧木屐，也有用打孔加工金屬製成、感覺很通風的木屐等等，奉納者的巧思與用心可見一斑。

近來多傾向由寺方為參拜者準備相同外型的奉納物，最乘寺卻將奉納的主導權完全交給奉納的一方，這樣的作法在現代或許會漸漸成為寶貴的存在。

均一化的祈願、簡化作法的習俗，就算這樣能達到拓展信仰勢力範圍的效果，卻缺乏深化信仰的要素。擴大信仰版圖固然重要，但能夠對應深刻煩惱與切身願望的信仰也應該同時存在才對。

帶著自己請人製作的原創木屐登上陡長難行的階梯，將木屐供奉在御真殿前。我認為如此近似苦行的信仰與奉納方式，在現代也有其效果。正因為有這般「苦行」，奉納者才能相信「就算是切身的祈願、就算是自己一人許下的微小願望，神佛也會予以接納並回應吧」。難道不是這樣嗎？

打聽後得知，最近聽說不再接受參拜者奉納和諧木屐了。或許奉納木屐逐漸脫離了最乘寺本來的信仰，但因此硬是讓這項奉納者得以發揮創意的習俗畫下句點，實在相當可惜。

全部都是獨一無二的製品，每一個都很有看頭。

第十章

與時俱進的奉納物

奉納百景

在這一章，我想試著思考用來反映現代社會世態與宗教觀的奉納習俗。定義現代社會這件事本身非常複雜，充滿不確定性，但至少藉由檢視近代以前未能出現的各種現代奉納物，反過來或許能讓某些隱藏的內面外顯，幫助理解何謂現代社會。我暗自希冀能做到這一點。

我認為反映時代的奉納習俗有一個特徵，即更為具體，且自我中心傾向強烈。這難道不是因為對現代人來說，神佛是與人類（＝自己）視線等高的存在嗎？至少與近代以前相比，敬畏神佛的心理無疑變得較為淡薄。

正因如此，對有利於自己的神佛畢恭畢敬，對自己無益的神佛便不予理會。先不提過去以來的信仰所建立起的體系，因人類自身的方便來選擇神佛，這樣的傾向（粗略地說）應該是現代信仰風景的特徵吧。

總之，我想以這樣的預測為基礎，試著眺望現代的信仰風景。

願望只有一個：彩券中大獎！

寶來寶來神社（熊本縣南阿蘇村）

熊本縣的南阿蘇村有一座奇妙的神社，名為寶來寶來神社。

神社位於遠眺阿蘇山的山中，穿過從熊本機場往阿蘇山途中的隧道後便可看到顯眼的旗幟。在旗幟的引導下下了縣道，往森林深處繼續前進後，視野大開，神社的全貌逐漸清晰。眼前排列著幾座大紅色的社殿。

中心有巨大的岩石橫臥，岩石四周則奉納了大量繪馬。據說寶來寶來神社保佑彩券中獎特別靈驗，流言一傳十十傳百，於是近年就「變成」許多人競相造訪的神社了。

其來由是這樣的：

據說在平成十六年（二〇〇四）時，負責整理這塊土地的重型機械司機正打算破壞上面的巨大岩石，結果

寶來寶來神社的建築都使用直線條的建材，有種小木屋風格。

掛有許多祈求中獎繪馬的鳥居。每個鳥居都對著不同的方向，背後有什麼深意嗎？

在睡夢中接到「去買彩券，用部分中獎獎金來祭祀岩石」的神諭，依指示去做後果然中獎了，於是便在此地建立神社。

實際上，神社境內的大量繪馬也幾乎都是用來祈願彩券中獎。這幾年社方雖然也對外宣傳，表示神社不只保佑彩券中獎或提升金錢運，但也因為神社當初就是以彩券中獎為賣點，所以果然還是吸引了大批想發財的人前仆後繼而來。

雖曰神社，寶來寶來神社和一般神社在很多方面都不一樣，譬如境內的鳥居。這裡的鳥居像是要包圍相當於御神體的巨石「當錢岩」而設，而且各自對著不同方向。參拜方法也很不可思議，聽說要一邊唱誦「寶來寶來」一邊繞著岩石轉。這好像也是從剛才的神諭來的，還真想拜託司機大哥作稍微正經一點的夢啊。

接著是呈圓形分布的社殿。這裡的社殿較一般社寺建築的社殿來得（說得好聽一點）充滿小木屋風，言下之意就是走素人路線啦。

綜合這些要素加以思考，這裡本來就是由非宗教界人士所打造的獨立神社。換言之與神道理論毫無關係，只是因神諭而誕生的設施。說得極端一點，或許是神社或寺院都無所謂，重點在於，是因為有那塊巨石才成立的信仰。

境內可看到數字輪盤、各種護身符的自動販賣機、自行結帳的吉祥物專區等等，與開運有關的物品應有盡有，也可說是類似開運主題公園的地方。

參拜者幾乎個個露出苦笑，一邊隨興參拜。我不禁感覺那笑容裡多少帶點尷尬的成分，是對於許下「希望自己獨得大獎」的自私願望感到不好意思吧。

又或者是因為這神社實在太不尋常、太奇妙了，反而讓人心生抗拒，無法像在一般神社那樣認真參拜。話雖如此，參拜者依然絡繹不絕。

這似乎象徵著宗教在現代社會中所處的位置。人們追求的並非從過去就存在的宗教或傳統習俗，而是與自己視線等高、從同一個高度看事情的信仰。

最顯著的例子或許要數能量景點了吧。

把焦點放在歷來的神佛未能觀照的部分，回應小眾的欲望與需求。在那裡，神佛的存在感稀薄，受重視的是岩石、山脈、磁場、溫泉、斷層、水井等特異的自然物質，崇拜的對象是某些來自自然環境的能量。

那是一種嶄新的信仰型態，與一直以來皈依神佛的信仰方式不同，是向更具體、更個人、就連是不是神都不清楚的「某個什麼」祈求。祈願內容很具體，相較之下信仰的對象本身卻曖昧不明，這點或許也可說非常符合現代風格。

類似的現象還有江戶時代的流行神。一般認為流行神更貼近庶民，能實現具體願望。然而流行神的信仰對象仍不脫神佛、巫者（靈能者）或修驗者的範疇。

能量景點不以宗教的架構為媒介，就好像個人直接和地球交易一樣。這股熱潮的出現，或許也意味著不再需要宗教的時代終於來臨了。

不對，仔細一想，那樣的時代早就已經到來了。

與南阿蘇雄壯景色極不相稱的輕型小貨車，是移動式招牌。

最適合IG打卡的繽紛「許願猴」

八坂庚申堂（京都府京都市）

京都市東山地區。以清水寺為首，包含八坂神社、知恩院等就連在京都也是首屈一指的名社名剎櫛比鱗次，是超級知名的觀光勝地。這一帶也有很多海外旅客，最近也看得到穿著租來的和服在街上昂首闊步的外國人。在這樣一個區域裡，八坂庚申堂（金剛寺）近年來人氣扶搖直上、廣受國內外觀光客青睞。

多彩繽紛的許願猴。聽說到下午往往就銷售一空了。

庚申堂位於八坂之塔（法觀寺）旁。一進入稱不上寬敞的境內，各種顏色便如洪水般撲面而來。多彩繽紛的世界在眼前展開，讓人一瞬間搞不清楚發生了什麼事。這裡真的是寺院嗎？而且來參拜的幾乎都是年輕女性。

大家手持相機或智慧型手機，專心自拍。繽紛色彩來自垂掛於庚申堂和前面小堂的布製圓形物。走近一看，原來是各色「許願猴」。

所謂的許願猴，是在風車狀的布料中間縫上充當頭部的圓球，再把布邊四個角綁起來的東西，表現出平常自由奔放的猴子被束縛的模樣。之所以奉納許願猴，據說是用來提醒自己，如果希望某個願望成真，就要捨棄其他欲望。

其他庚申信仰的寺院也看得到許願猴，顏色幾乎沒有例外都是紅色。紅色也是驅邪除魔、驅除天花的顏色。但不知為何，唯獨這裡的庚申堂不只有紅色許願猴，還有橘、粉紅、綠、黃綠、藍、水藍、黃、白等顏色，歷來的傳統許願猴絕對不可能有的各色版本全都登場了。

在這之前，庚申堂應該清一色都是紅色許願猴，彩色版本出現後立刻擄獲年輕女性的心，庚申堂也一舉成為新的人氣景點，聽說還拿下二〇一七年ＩＧ打卡景點第一名。想來也是，如此繽紛多彩的景點還真不多見，完全可以理解為什麼在網路社群媒體上大受好評。

八坂庚申堂正式名稱為大黑山金剛寺庚申堂，自古便以日本三大庚申之一聞名。庚申信仰原本來自中國的道教，據說在干支的庚申日這天夜裡，睡著後體內的三尸蟲會離開身體，去向司掌人類壽命的天帝打小報告，揭發此人所做惡事，因此有了庚申日徹夜不睡的習俗。

猴子會變成神的使者也與庚申的「申」有關。此外，據說透過天台宗留學僧傳入的「不見、不聞、不言」

推出各色許願猴後，庚申堂一躍成為 IG 打卡景點，世界各地的觀光客蜂擁而至。

和許願猴一起放在庚申堂前的「非禮勿視、非禮勿聽、非禮勿言」三猿像，表情詼諧逗趣。三猿與庚申信仰關係密切。

繪馬堂外觀。現場奉納有許多船繪馬，不過最引人注目的還是太陽能船實體。

教誨與比叡山麓日吉大社的神使猴子結合，因而出現了三猿的形象。順帶一提，將庚申大人刻在石上而成的庚申塔上，幾乎也都刻有三猿。

這裡的庚申堂也不例外，三隻木頭刻成的猴子排成一排，動作詼諧逗趣。只不過後面與兩旁的許願猴實在太繽紛了，讓人眼花撩亂，連有三隻猴子都不知道。寺務所理應有販售的許願猴已經售罄，銷售一空的告示不只日文，也有英文、韓文版本。

繽紛的許願猴完全脫離了庚申信仰的原意，只在社群媒體上大量出現。不過仔細想想，不是為了給誰看、沒有多想就把自己的願望或煩惱攤在陽光下，這行為不論奉納習俗或社群媒體或許都是差不多的吧。

從傳統和船到太空船，無所不包的奉納繪馬

金刀比羅宮繪馬堂（香川縣琴平町）

以「金比羅桑」之名廣為人知的香川縣金刀比羅宮（金毘羅宮）。

金刀比羅宮不僅是四國首屈一指的觀光勝地，從江戶時代以來也一直都是庶民最憧憬的參詣地點。雖然金

在眾多船隻繪馬中，讓人印象深刻的是日本第一位太空人秋山豐寬的繪馬。太空船也是船啊。

刀比羅宮以門前綿延不絕的階梯、近來漸給人吉祥物之感的金刀比羅狗聞名，不過在本殿旁其實有座大型的繪馬堂。

堂內奉納了許多船繪馬。

據說金刀比羅宮原本是從印度恆河的鱷魚神格化成的「官毘羅」訛化而來，自古以來便以海上守護神、船隻守護神為人信仰。也因為此地海上交通興盛，金刀比羅宮廣受漁師和船夫的信仰。

此外，江戶時代參拜金比羅桑蔚為風潮之時，大量的定期船隻往來於大阪、岡山等地到琴平附近的丸龜與多度津之間。當時的景況被寫進有名的《金毘羅船船》中，廣為傳唱。

繪馬堂裡可看到繪有日本傳統和船圖畫的船繪馬，不過現代船舶的照片占壓倒性多數，說明該信仰至今仍生生不息。

船舶種類繁多，從快艇、客船、油輪到觀光船應有盡有，讓人再次感佩日本過去果然是以造船立國啊。繪馬堂裡還奉納了太陽能船實體，甚至給人一種早已超出繪馬堂領域之感。

我印象特別深的是日本第一位太空人（秋山豐寬）的繪馬。

原來如此！太空人搭乘的太空船也有個船字，把太空人的繪馬獻納給金毘羅桑也不算牽強吧。

其他還有瀨戶大橋、煉油廠等照片繪馬，像這樣擴大解釋後再擴大解釋的物品陸續被奉納至此，使得今日的金刀比羅宮繪馬堂充滿新奇刺激的奉納物，可以看到信仰與科技兩個相反的概念彼此握手示好、和平共存。這也是現代日本的信仰風景中極具象徵性的畫面。

只有潛水艇繪馬的神社

金刀比羅宮神戶分社（兵庫縣神戶市）

說到神戶市的福原，那便是日本首屈一指的泡泡浴風化區了。好此道者聽到福原二字或許不由得露出滿足的微笑，不過很可惜，這次要談的是比較嚴肅的話題。

地點在福原的鬧區北邊。對面是泡泡浴，旁邊也是泡泡浴，斜對面則是風俗店介紹所，在這樣一個典型風化區的正中央，有一座名為金刀比羅宮神戶分社的神社。

神社本身並不大，或許說是小而美更恰當。不過小歸小，卻是香川縣金刀比羅宮直接管轄的六分社其中之一，就算放眼全日本也是相當罕見。神社周圍豎立著禁止非法丟棄垃圾的告示牌，氣氛相當詭異。不過實際進入境內一看，卻是再普通不過的神社。

然而接下來卻另有驚奇。

手水舍[54]內側掛滿各種潛水艇的照片。這到底是什麼？

前面也提過，金毘羅桑是船隻的守護神。既然香川的金刀比羅宮

位於風化區中心的金刀比羅宮神戶分社，某種意義上也可說是體現了神戶這座城市的神社。

54 神社佛寺前設有供參拜者洗手、漱口的淨手池的建物，大多是四根柱子撐起的亭子，中心設置有水盤和水槽。

奉納的多是潛水艇下水儀式的照片。這是潛水艇第一次，也是最後一次盛裝登場。

一字排開都是潛水艇的照片。神戶果然是日本潛水艇的故鄉。

奉納有太空船，那麼這裡有潛水艇的照片也不足為奇了。話雖如此，除了潛水艇幾乎不見其他船隻的照片，這點頗令人在意。

調查後得知神戶有三菱重工業和川崎重工業的造船廠，據說日本的潛水艇不是在三菱就是川崎的造船廠製造的。所以這裡的金刀比羅宮掛的才會清一色都是潛水艇的照片吧。

照片大多是下水儀式時拍的，艇身前端覆有日章旗，大張旗鼓啟航出發。潛水艇甚少公開亮相，要說這是潛水艇特殊之處確實也是如此，因此就潛水艇來說，下水儀式應該是一生一次的盛裝登場吧。想把那威風凜凜的英姿奉納給船隻守護神的心情完全可以理解。

福原風化街的前身為福原遊廓，原是明治初年開設，作為外國人的慰安所。製造洋船的造船廠與居留地的慰安設施，這兩個要素經過一百五十年的歲月後各自改容易貌，卻仍相繫相依，讓人感受到神戶這座城市的不可思議與強大的包容力。

造佛解放宣言與大量出現的素人製佛像

定福院（埼玉縣久喜市）

在現代社會中，要讓信仰延續下去，有時得做出某些改變，有時甚至也得打破從前留下來的習慣。

譬如說造佛。打造佛像自古以來都屬於佛師或石匠的專業領域，不過近年興起一股風潮，由一般人自行打造佛像。話雖如此，並非從事佛師修行，而是打造合乎個人身分的佛像，是進入門檻較低、絕對尊重「個人特色」的造佛運動。這次走訪的便是這樣一處造佛現場。

定福院位於埼玉縣久喜市的田園地帶，近年以「羅漢之寺」為部分人所知。乍看之下是個隨處可見的鄉下地方普通寺院，境內說不上寬敞卻處處擺滿石像，且石像並非出自專業石匠之手，清一色都是素人打造的。

這到底是怎麼一回事？

幾乎要將境內塞滿的素人羅漢像。主題並非神佛，而是同為人類的羅漢，雕刻起來比較輕鬆。

大家各自雕刻出心中所思所想，其中甚至可以看到「丸子三兄弟」。

其實定福院之下有個名為「定福院雕刻羅漢會」的團體，這些石像都是團體成員陸續完成的。雕刻羅漢會成立於平成元年（一九八九），由前任住持發起並對外招募成員，入會的都是佛像雕刻的素人，因此打造出的羅漢像自然離專家等級非常遙遠。對此住持卻抱持「佛在心中。提供一個無人干涉的場所。每個人所思所想的佛教」的態度，尊重素人雕刻的獨特性，進而陸續催生出許多「怪作」與「謎作」。

只有自己一個人雕刻會不好意思，如果大夥兒一起行動，就算成果再稚拙應該也不會自卑吧。眾人似乎在「完成一座佛像即出師」的信念支持下，打造出一座又一座獨特石像，把境內擺得滿滿的。

打造佛像的行為本來有許多宗教和技術上的限制。

這當然是針對「人類造佛」此一僭越的行為所設想出來的藉口。

名為「佛師」的職業集團傳統上藉由師徒制傳承技術與作法，將非集團者排除在外。雕刻羅漢會所做的便是刻意無視這些限制，在個人喜好與想法的基礎上，試圖打造出尊重個人技術的佛像。

正在挑戰觀音像的成員。不曉得是不是刻了很多座，生出信心了。

雕刻羅漢會讓成員從羅漢像開始雕刻，我認爲這是該會在營運上相當成功的一點。羅漢是釋迦牟尼佛的弟子，前十六名是十六羅漢，前五百名則是五百羅漢。雖然羅漢在佛教裡被視為尊者，但說起來終究還是人類。換言之，要素人一下子就從佛像開始雕刻難度太高，那如果先從人類開始呢……是這個意思吧。如此一來，就算是素人佛師也能鼓起勇氣面對石頭，無須畏怯吧。

最近不只是羅漢，成員也開始嘗試製作四國八十八箇所的本尊，技術與初期相比精進不少。

「每一個雕刻者滿懷誠意、心無旁念所製作的東西，不論最後呈現何種樣貌，都是無可取代的。」前任住持這樣的想法似乎正為「宗教在現代要如何存續」的問題提供了解決之道。

成排的乳房繪馬，絕大多數裝在箱子裡。每一個繪馬都裝飾得很好看。

承認每個人各自的價值觀，讓佛教貼近每一個個人。一直以來總無意識地被置於個人之上的宗教，現在逐漸成了為每一個個人而存在的工具。

而這或許並不是對宗教感到悲觀。

宗教不死。形式改變後仍然可以生存下去的信仰，才是人們真正追求的信仰。我是這麼認為的。

走年輕媽媽風的乳房繪馬

川崎觀音（山口縣周南市）

山口縣周南市的川崎觀音。眼前是國道二號，大卡車高速奔馳來去，川崎觀音就位於這麼單調無趣的地方，但境內有一口據說是源平合戰時武將平景清用來洗眼睛的水井。

如此充滿歷史感的川崎觀音，現在則以乳房觀音之姿受到附近民眾的信仰。

觀音堂裡側奉納了許多祈求奶水豐沛的乳房繪馬。奉納乳房繪馬的社寺遍及全國，像是愛知縣的間間觀音、廣島縣的阿伏兔觀音、岡山縣的輕部神社都相當有名。

這些神社的乳房繪馬，幾乎都是在房屋形狀的木板繪馬上裝上狀似包子的乳房；乳房是布製的，中間塞滿

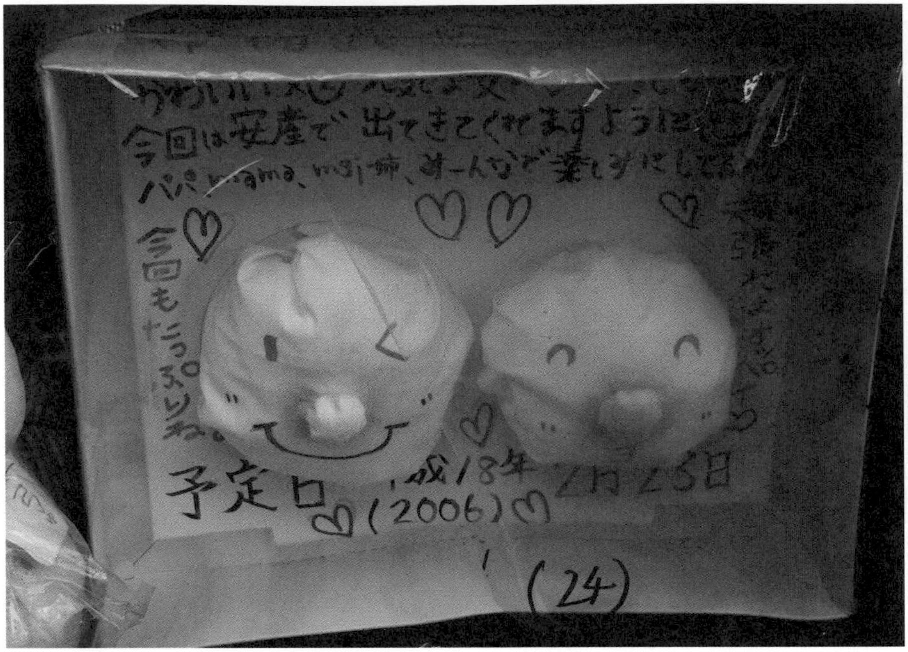

乳房整個變成臉了。比起形式統一的繪馬，不是更能傳達出現代媽媽的心情嗎？

不僅乳房，連上半身都有的一大力作。盒子應該是百圓店買的吧。現場有很多具個人特色的繪馬，百看不厭。

棉花，也會裝上乳頭。

川崎觀音的乳房繪馬則有些不同。大部分繪馬的乳房確實是布製的，要說和其他社寺的乳房繪馬相似的確也是如此，但在這裡，乳房並非黏貼於木板繪馬上，而是裝在空餅乾盒或塑膠盒裡。

讓人印象最深的是，這些乳房繪馬個個都裝飾得相當可愛，譬如把盒子妝點得多彩繽紛、在乳房周圍加上裝飾，或在乳頭部分畫上眼睛，把乳房弄得像漫畫人物風之類的，總之境內奉納了許多隨心所欲大加改造的乳房繪馬。

捨棄傳統造型，奉納新風格的乳房繪馬，年輕媽媽的品味充分展現其中。

之所以出現新造型的乳房繪馬，可以想像是因為傳統的乳房繪馬對現代女性來說缺乏真實感。

可以在川崎觀音的乳房繪馬上看到、而傳統的乳房繪馬所沒有的，說得極端一點就是個人特色。過去的繪馬或許給人只重形式的印象。在我看來，想更直接表現出自身喜好的想法催生出這些具有個人特色的乳房繪馬。

傳統習俗像這樣隨時間經過，配合時代潮流而變化，我認為是很棒的事，因為這比什麼都更能證明該習俗本身確實有效果、是受到認可的。

當習俗不斷變化，意味著該習俗未流於空殼化，確實回應了時代需求，這同時也表示該習俗有可能延續下去，往下一個時代邁進。

充滿手作精神的奉納物

猿投神社（愛知縣豐田市）

愛知縣豐田市內有個有點奇特的地名叫猿投。

這個地名來自日本武尊之父景行天皇飼養的猴子。猴子因脫口說出不吉利的話被扔進海裡，漂啊漂啊最後在猿投山住了下來。

換言之，猿投就是被丟棄的猴子漂流而至之處，此地有一座猿投神社，過去曾因鏈球選手室伏廣治持有該神社護身符掀起一陣小熱潮。實際走訪一看，社殿歷史悠久，相當氣派。

猿投神社最大特徵在於境內奉納的左手鐮刀。左手鐮刀即左撇子專用鐮刀，和右撇子用的鐮刀刀刃裝設方向相反。神社境內奉納了大量的左手鐮刀，以及仿左手鐮刀形狀的繪馬。

為什麼是左手鐮刀呢？這是因為神社的祭神為大碓命。景行天皇之子、同時也是日本武尊（小碓命）孿生哥哥的大碓命是開拓此地的神祇，據傳是左撇子，開墾時使用的應該是左手鐮刀，因此才會有奉納左手鐮刀的習俗。

境內中門前懸掛了許多左手鐮刀形的繪馬。雖然也有印上左手鐮刀圖案的神社版繪馬，但大量的黑色繪馬凌駕於這些「現成品」之上。

黑色繪馬外型清一色是左手鐮刀，但形狀各有微妙差異，換言之是奉納者自製的繪馬。仔細看奉納者的署名，幾乎都是與豐田汽車有關的企業。猿投周邊有許多和豐田汽車相關的工廠，可說是因豐田而繁榮的小鎮。至於繪馬內容，幾乎都是祈求安全。繪馬雖然是自製的，品質卻相當高，可以看出奉納者平日對於「製造」一事有一定的堅持。

讓人印象最深的是，這裡面的繪馬奉納不僅以公司為單位，也有公司內各部門或小組獻納的繪馬。

猿投神社的繪馬，外型幾乎都是仿左手鐮刀，來自祭神大碓命為左撇子的傳說。

黑色繪馬幾乎都是豐田相關企業的員工奉納的。以部門或小組為單位的繪馬比以公司為單位的繪馬來得多。

看著眼前的繪馬，我再次感受到這家世界最具代表性的汽車公司，其實是像這樣由十幾個人一組、分工合作的團隊組成的集合體。

仔細一想，在這塊景行天皇丟棄的猴子的淵源地，猿投神社祭祀大碓命──也有傳說指大碓命是被孿生弟弟日本武尊掐死的。沒想到在留有如此逆境與悲劇記憶的鎮守社，竟得以一窺代表日本的豐田相關企業「製造」的原點，實在令人大感意外，深覺不可思議。

在水子地藏的發源地思考奉納信仰的現況

地藏寺（埼玉縣小鹿野町）
文殊院（福岡縣篠栗町）

一路介紹了各式各樣與奉納有關的場景，最後請容我談談地藏尊奉納的演變，為本書畫下句點。

傳統的地藏奉納代表許多的意思。

譬如設在路邊的地藏，其作用類似道祖神，目的在於守護村界；墓地的地藏則是為了解救轉世到六道的眾生而設。不過在現代，地藏奉納幾乎都是以供養小孩或嬰兒為目的，其中最明顯的便是水子地藏。

這麼說或許會令某些讀者感到意外，不過水子供養的習俗本來歷史就不長，大約始於昭和四十（一九六五）年代。這股潮流一夕之間傳遍日本，到現在已經固定下來，成為再理所當然不過的習俗。可以說在某種意義上，水子供養的習俗反映出現代社會種種面向。

水子供養始於何處？

陡峭傾斜地上的水子地藏群。每一座地藏前方都供奉了鮮花。

地藏群不斷延伸，直達遠方的山裡。地藏胸前的圍兜和風車色彩繽紛，遠看像是一片花田。

答案是埼玉縣西部山間小鹿野町的地藏寺。這座創建於昭和四十六年（一九七一）的地藏寺是專門供養水子的寺院。

初次造訪這座山間寺院的人，應該無一例外都會大吃一驚。削去山坡斜面後劃分的階梯狀區塊上排滿了數量驚人的水子地藏，大約有一萬數千座。水子地藏群如梯田般排列，一路延伸到遠處山的另一邊；每座地藏都掛上圍兜，前方並供奉有鮮花或風車，整片山坡看起來就像一片色彩繽紛的花田。

地藏的台座刻有奉納者出身縣市的縣名，幾乎都是來自首都圈，但也看得到很多關西或九州的縣名，說明了這座地藏寺水子供養的信仰範圍之廣。

現在說到水子供養，或許不會覺得哪裡怪怪的，不過在水子供養習俗出現前的傳統社會，水子並非供養的對象。過去常說「七歲以下都是神的孩子」，不為七歲前去世的孩子舉行佛教儀式的葬禮，只有家裡人極為簡單辦場葬禮就結束了。換言之，在傳統的日本社會，孩子並未被納入「當成祖靈供奉之佛」的體系，更別提還沒出生就往生的水子了，連供養的對象都不是。

在這樣的民俗風土中，日本迎來了高度經濟成長。民主主義、男女平等、小家庭化、尊重人權……動盪的時代背景下，地藏寺的開創者橋本開始提倡水子供養，說明墮胎的不是。

對水子的徹底贖罪是水子供養的基本概念。

佛教世界本來就不怎麼強調「靈」的概念，但在地藏寺提倡水子供養的脈絡中，「靈」卻是一大要素。墮胎後水子的靈魂在此生與來世間一個叫做「中有」的世界徘徊，對雙親或後來出生的孩子帶來災厄，換言之被當成一種會作祟害人的存在。

地藏寺創建於昭和四十年代後半，當時以靈異現象、超自然現象為首的靈異熱潮席捲整個社會，合理推測「水子亡靈會帶來災厄」的想法至少在當時是符合世態並貼近人心的，正因如此，水子供養的習俗才會廣為流傳，一直延續到現代吧。

與此同時，地藏寺創建當時社會上針對墮胎出現了種種爭議，這樣的時代背景也帶來巨大影響。

羅莉塔造型的水子地藏，應該是年輕女性奉納的吧。奉納習俗是會隨著時間變化的。

時值女性解放運動全盛期，隨後中P連[55]創立，與自民黨之間針對人工墮胎限制的鬥爭日趨激烈。一般認為，這個時期的政治、社會狀況無疑帶來極大的影響。

總而言之，因水子地藏的出現而誕生的奉納習俗，與過去傳統的地藏信仰劃分得乾乾淨淨，壁壘分明。說得極端一點，奉納水子地藏無關乎人們共有的信仰，而是為了極個人的因素、以個人為對象的供養所做的奉納。原本從江戶後期就有設置地藏尊來供養自己孩子的習俗，一般認為，水子地藏的出現使得設置地藏的習俗變得更為私人。

一個極端的例子便是我在福岡縣篠栗町的文殊院看到的地藏。

那裡有極出色的蘿莉塔地藏。文殊院是水子供養的寺院，受到附近民眾的信仰。境內幾座地藏有別於傳統地藏「圍圍兜、戴帽子」的單調造型，都穿著蘿莉塔風格的服裝，充分展現年輕女性的品味（姑且不論品味高低）。

保守的人看到那造型可能會皺眉，不過我認為這樣的打扮本身並沒有不合理的地方。

舉個例子，青森縣川倉地藏尊的地藏個個穿戴華麗衣物，也上了妝，我聽說刻意把地藏打扮得醒目是為了遠遠就能認出是「自己的地藏」（為供養自己的孩子所奉納的地藏）。雖然手段有些出入，不過如果把蘿莉塔地藏也視為出自相同邏輯的現象，那就沒有什麼不可思議之處（暫且不談看起來是不是哪裡怪怪的）。

所謂奉納，是庶民這方對神佛傳遞的訊息，因此奉納者依自己的身分和品味改變奉納方式，我認為是極為自然的現象。

不論是蘿莉塔地藏、繽紛的許願猴，或是花俏可愛的乳房繪馬、合成照片的穆卡薩利繪馬，正因為直接反映出奉納方的心意，才會隨著時代不斷變化。

55 一九七〇年代日本女性解放團體，全名為「中絶禁止法に反対しピル解禁を要求する女性解放連合」，即「反禁止墮胎法、要求開放使用經口避孕藥的女性解放團體」。

奉納百景

後記

本書介紹了許多奇妙的奉納習俗，並試著調查奉納特定物品的理由與起源。其中讓我深有所感的是，很多靈驗無比、有求必應的神佛，其由來意外地都是後來穿鑿附會或重新改寫而成的。

例如書中介紹的水使神社（第三章）、花兒大權現（第五章）等等，其由來除了一般說法還存在其他版本，沒有人知道哪個才是真的。

所謂有求必應的神佛，大抵都是從民間信仰中誕生。換言之，並非來自寺社積極宣傳，而是透過民眾口耳相傳自然而然產生，也因此由來才會模稜兩可，內容也常變來變去吧。而這些民間信仰的複雜與不確定性，在調查奉納習俗的過程中有其困難之處，也有充滿趣味的地方，這是筆者在寫作本書時最直接的感想。

還有許多奇特的奉納習俗未收錄書中，其中我想特別介紹一下山形縣遊佐町的「汽車奉納」。

每年到了御盆節，遊佐町的居民會在自家屋簷下懸掛玩具車。這是茄子和小黃瓜製成的精靈馬的現代進化版，聽說還有人會掛新幹線列車或飛機玩具。以前遊佐町出身的攝影家倉谷卓曾在攝影展上介紹這項習俗，我看了照片，被那結合了現代與傳統的超現實光景嚇了一跳。

隔年夏天我立刻前往遊佐一探究竟。由於某些因素，抵達遊佐時已經是御盆節結束的隔天十七日了。我心想才差一天，應該會有幾戶粗心大意的人家忘了把玩具車收起來吧，然而走遍遊佐町大街小巷卻怎麼也苦尋不著。最後終於讓我發現有戶人家屋簷還掛著小型紅色汽車模型，就那麼一戶。那時心情與其說是高興，不如說只感到鬆了一口氣，終於達成任務。

提筆寫作本書時我第一個想起的就是遊佐町的汽車奉納，無奈手邊實例太少，最後只能忍痛放棄。如果有機會出版續集，一定要再去蒐集資料。

總而言之，日本還有許許多多不為人知、不可思議的奉納習俗。

本書介紹的習俗清一色都還不太為人所知，不過這些習俗確確實實存在著。其實整個日本散布著大量尚未為世人所知的信仰與習俗，這就是這個國家信仰風景的現狀。說佛教或神道等傳統宗教自始保持素樸的形式，存續至今，這根本是一派胡言。信仰世界的四隅存在著陰暗的灰色地帶，在那裡，有形無形的信仰翻騰洶湧。說起來，這反而才是日本人在一千年的歲月裡構築出來的宗教型態不是嗎？

隨著傳統宗教逐漸式微，未來想必會陸續誕生新型態的信仰、宗教與儀式吧。在這樣的現代社會中，宗教如何存續、如何成為眾生的精神支柱，我想繼續獨自觀察下去（正因我是「獨觀」）。

最後在本書付梓之際，我要向本田不二雄先生致上深深的謝意，感謝他在筆者與出版社間居中牽線，並對原稿提供寶貴意見。此外還要感謝駒草出版與本書編輯杉山茂勳先生。最後，對於所有同意接受採訪的神社、寺院、教會，請容我在此表達至高無上的謝意。

平成三十（二〇一六）年十一月小嶋獨觀

地區別列表

青森縣

高山稻荷神社青森縣津輕市牛潟町鷲野澤 147-1

恐山青森縣陸奧市田名部宇曾利山 3-2

婚禮人偶青森縣五所川原市、津輕市

岩手縣

失物繪馬岩手縣海岸部

供養繪額岩手縣遠野市內

盛岡大佛的句碑（松園寺）岩手縣盛岡市上米內字松木平 78-57

宮城縣

荒脛巾神社宮城縣多賀城市市川伊保石 49

失物繪馬宮城縣海岸部

秋田縣

鮭魚供養秋田縣仁賀保市內

岩城修弘靈場秋田縣由利本莊市蘆川

山形縣

犬之宮・貓之宮山形縣東置賜郡高畠町高安910

鮭魚供養山形縣遊佐町內

森林供養（三森山）山形縣鶴岡市內

穆卡薩利繪馬山形縣村山地方

羽黑山靈祭殿山形縣鶴岡市羽黑町手向

福島縣

橋場的阿婆福島縣南會津郡檜枝岐村居平

關脇優婆夷尊福島縣耶麻郡豬苗代町關都字關脇

火伏福島縣南會津郡南會津町界川久保552 奧會津博物館南鄉館

茨城縣

苗東流茨城縣行方市藏川

栃木縣

門田稻荷神社栃木縣足利市八幡町387

大手神社栃木縣足利市五十部町375

水使神社栃木縣足利市五十部町1235

岩船山栃木縣栃木市岩舟町靜3

群馬縣

達磨寺群馬縣高崎市鼻高町 296

子神社群馬縣館林市赤生田町 2215

藤瀧不動尊群馬縣綠市東町花輪

小泉稻荷神社群馬縣伊勢崎市小泉町 231

埼玉縣

子之權現（天龍寺）埼玉縣飯能市南町 461

三木神社埼玉縣鴻巢市愛之町 171

定福院埼玉縣久喜市佐間 566

地藏寺埼玉縣秩父郡小鹿野町飯田 2174

千葉縣

手接神社千葉縣旭市鏑木 2461-2

四十九堂千葉縣東北部（匝瑳市、香取市、旭市一帶）

東京都

穴守稻荷神社東京都大田區羽田 5-2-7

神奈川縣

歲德燒神奈川縣川崎市麻生區

最乘寺神奈川縣南足柄市大雄町 1157

新潟縣

枥尾又藥師堂新潟縣魚沼市枥尾又溫泉

鍾馗大人新潟縣阿賀町內

珍棒地藏（音子神社）新潟縣長岡市上樫出

賽河原新潟縣佐渡市願

福井縣

三方石觀音福井縣三方上中郡若狹町三方 22-1

長野縣

諏訪大社上社前宮的御頭祭長野縣茅野市宮川 2030

小嵐神社長野縣飯田市南信濃木澤

岐阜縣

御首神社岐阜縣大垣市荒尾町 1283-1

千代保稻荷神社岐阜縣海津市平田町三鄉 1980

靜岡縣

神場山神社靜岡縣御殿場市神場 1138-1

黑犬神社靜岡縣藤枝市藤枝 3-16-14 鬼岩寺境內

護眼靈山・油山寺靜岡縣袋井市村松 1

和平柱的聖地（白光真宏會富士聖地）靜岡縣富士宮市人穴 812-1

愛知縣

豐川稻荷愛知縣豐川市豐川町 1

猿投神社愛知縣豐田市猿投町大城 5

三重縣

開道供養（朝田寺）三重縣松阪市朝田町 427

朝熊山三重縣伊勢市朝熊町岳

京都府

墳墓的墳場京都府某處

梯子地藏京都府京都市西京區嵐山藥師下町 48 藥師禪寺內

普度勝會（萬福寺）京都府宇治市五之庄三番割 34

伏見稻荷大社京都府京都市伏見區深草藪之內町 68

八坂庚申堂京都府京都市東山區金園町 390-1

大阪府

家原寺的祈願手帕大阪府堺市西區家原寺町 1-8

兵庫縣

彌勒寺的角柱兵庫縣三田市尼寺 1073

金刀比羅宮神戶分社兵庫縣神戶市兵庫區福原町 30-5

和歌山縣

丹生酒殿神社鎌八幡和歌山縣伊都郡葛城町三谷 631

岡山縣

鼻環塚岡山縣岡山市北區吉備津 795

足王神社岡山縣赤磐市和田 519

山口縣

麻羅觀音山口縣長門市俵山下安田

川崎觀音山口縣周南市川崎 2-1

德島縣

花兒大權現德島縣三好郡東三好町中庄 2271

香川縣

金刀比羅宮繪馬堂香川縣仲多度郡琴平町892-1 金刀比羅宮內

福岡縣

野芥緣切地藏福岡縣福岡市早良區野芥4-21-34

戀木神社福岡縣筑後市水田62-1

七郎權現福岡縣糸島市二丈鹿家2553-1

志賀海神社福岡縣福岡市東區志賀島877

子安觀音福岡縣糟屋郡篠栗町篠栗782

文殊院福岡縣糟屋郡篠栗町萩尾191-1

長崎縣

山田教會長崎縣平戶市生月町山田免440-2

熊本縣

粟嶋神社熊本縣宇土市新開町557

足手荒神（甲斐神社）熊本縣上益城郡嘉島町上六嘉2242

弓削神宮熊本縣熊本市北區龍田町弓削6-21-20

寶來寶來神社熊本縣阿蘇郡南阿蘇村河陰2909-2

大分縣

椿大師大分縣豐後高田市黑土

白鹿權現大分縣臼杵市野津町某處

長洲的送精靈大分縣宇佐市長洲

高塚愛宕地藏尊大分縣日田市天瀨町馬原3740

日本再發現 015
奉納百景：奇招百出 向神祈願
奉納百景：神様にどうしても伝えたい願い

國家圖書館出版品預行編目 (CIP) 資料

奉納百景：奇招百出 向神祈願 / 小嶋獨觀著；蔡易伶譯 . -- 初版 . -- 臺北市：健行文化出版事業有限公司出版：九歌出版社有限公司發行 , 2021.03
面； 公分 . -- (日本再發現；15)
譯自：奉納百景：神様にどうしても伝えたい願い
ISBN 978-986-99870-1-1(平裝)

1. 祈禱 2. 民間信仰 3. 日本
273.53 110001104

著　　者——小嶋獨觀
譯　　者——蔡易伶
責任編輯——莊琬華
發 行 人——蔡澤蘋
出　　版——健行文化出版事業有限公司
台北市 105 八德路 3 段 12 巷 57 弄 40 號
電話／ 02-25776564・傳真／ 02-25789205
郵政劃撥／ 0112263-4
九歌文學網　www.chiuko.com.tw
印　　刷——前進彩藝股份有限公司
法律顧問——龍躍天律師 ・ 蕭雄淋律師 ・ 董安丹律師
發　　行——九歌出版社有限公司
台北市 105 八德路 3 段 12 巷 57 弄 40 號
電話／ 02-25776564・傳真／ 02-25789205
初　　版——2021 年 3 月
定　　價——450元
書　　號——0211015
I S B N——978-986-99870-1-1
（缺頁、破損或裝訂錯誤，請寄回本公司更換）